U-35
Under 35 Architects exhibition
35歳以下の若手建築家による建築の展覧会
2021-22

Gold Medal Award
（UNION 真鍮製）

U-35
Under 35 Architects exhibition
35歳以下の若手建築家による建築の展覧会

新型コロナウィルスの影響による延期の場合 (2021年4月24日現在)

2021年10月15日（金）-10月25日（月）　　　　2022年9月30日（金）-10月10日（月）
12：00-20：00 [11日間]　開催期間無休　　　　　12：00-20：00 [11日間]　開催期間無休

うめきたシップホール　　　　　　　　　　　　　うめきたシップホール

〒530-0011　大阪市北区大深町4-1 グランフロント大阪 うめきた広場 2F　　　〒530-0011　大阪市北区大深町4-1 グランフロント大阪 うめきた広場 2F

主　　　催　　特定非営利活動法人アートアンドアーキテクトフェスタ

特 別 協 力　　一般社団法人グランフロント大阪TMO　一般社団法人ナレッジキャピタル

特 別 後 援　　大阪市｜EXPO2025　大阪市観光局　毎日新聞社

助　　　成　　公益財団法人朝日新聞文化財団　公益財団法人大阪コミュニティ財団　独立行政法人日本芸術文化振興会

連 携 協 力　　西日本旅客鉄道株式会社　阪急電鉄株式会社

展 示 協 力　　株式会社インターオフィス　株式会社カッシーナ・イクスシー　キヤノン株式会社　ソフトバンク株式会社
　　　　　　　株式会社パシフィックハウステクスタイル　株式会社目黒工芸

協　　　力　　アジア太平洋トレードセンター株式会社　リビングデザインセンターOZONE
　　　　　　　財団法人大阪デザインセンター　公益財団法人大阪産業局

後　　　援　　一般社団法人日本建築学会　公益社団法人日本建築士会連合会
　　　　　　　一般社団法人日本建築士事務所協会連合会　公益社団法人日本建築家協会　一般社団法人日本建築協会

特 別 協 賛　　株式会社ユニオン　株式会社シェルター　SANEI株式会社　コクヨ株式会社　株式会社クボタ

連 携 協 賛　　タカラスタンダード株式会社

事 業 協 賛　　株式会社オカムラ　積水ハウス株式会社　パナソニック株式会社　株式会社山下PMC

協　　　賛　　株式会社丹青社　株式会社乃村工藝社

http://u35.aaf.ac

人が人を創る生きた作法

橋村公英（はしむら こうえい・東大寺執事長）

1956年、奈良県生まれ。1962年、東大寺塔頭正観院に入寺。大阪市立大学文学部史学東洋史卒業、龍谷大学大学院修士課程（東洋史）卒業。1990年より東大寺塔頭正観院住職、2016年より東大寺執事長。

　2020年10月17日の正午過ぎ。大空間を眺望する駅のコンコースは、地上から20㍍の高さはあるだろう。大阪駅・中央北口を出て雨が跳ねて海のように見える"うめきた広場"を見下ろしながら大階段を降り、「U-35」開催会場を訪れた。本展は建築技術者としての経験を重ね、様々な発想を実現する力を発揮し始めた35歳以下の若い建築家による展覧会である。出展者は公募により選出された人々で、建築家への登竜門でもある。作品が展示されている会場に入ると、学生や建築を志す若者たちが大勢集まっている。彼ら彼女らの瞳には「建築家はかっこいい！」という、憧れや夢から飛び出してくるたくさんの小さな星が輝いていて、こちらまで嬉しく感じさせられながらの入場だった。

　展示された作品を見てゆくと、この世代の提案者が様々な実践の体験を重ね、自らの創造性を膨らませている気配が発散されていて心地よい。印象の羅列になるが、「住まい」や「生活の場」に問いを立てている例をいくつか見る事が出来た。住まいの生産性という側面について、私たちは結構多くの誤解を重ねてきたのではないかと気づかされる。生活の生産性、環境や命の生産性、祈りの生産性、心の生産性・・・。「かつて」のという曖昧な言葉を使えば、「かつて」の住まいには様々な生産性が組み込まれていた。多くの人々が「かつて」、畑や田んぼや牛小屋や鳥小屋と共にある家屋で日々暮らしてきた。多くの人々が、洋裁店や食堂、酒屋や八百屋、布団店や菓子屋、文房具屋や花屋を営む建物で暮らし、子供はそこで働く親を見て育った。豊かさに向かうと思えた世界の変

化の中で、そのような風景は時代遅れなものとして次々と捨て去られた。しかし実際には、人々は収奪されて貧しくなったのではないか、という疑問も時に語られてきた。私が住まいしている寺に、マンションで育った孫世代の子供が来ると、「何にもない」と告げる。しかしその子供のマンションに行くとやはり「何もない」。実際にはお互いに色々な「モノ」があるのだが、「ある」と思っているモノが違うのだろう。それは自分の三十代半ばの頃と、今を比べても同じことがいえる。確かに生活の生産性に乏しいマンションを住まいにし、そこから遠く離れた都会のオフィスビルに通うスタイルには何か人を惹き寄せる新しい誘惑があった。今どきは、お坊さんだってマンションから通勤してくる例が幾つもある。それは決して罪ではないし、かといって心を打つストーリーでもない。

　捨ててきた営みや生活が持っていた豊かさと生命力を、捨ててきた歴史を知覚した目で発見しなおし、剰余価値と生産性を生み出しやすい工夫を加えれば、新たな役割を演じられるのかもしれない、そんな実践的な気配の漂う提案が複数に共通して感じられたのは大きな収穫であった。農地や自然、そして街を思い出す何かを使って生活の場を飾るのではなく、生活の場と、農地や自然、街のような環境とが、互いに絡み合い「相入」することに心を開きたい「衝動」を感じさせる提案があった。廻りの環境がシームレスに建物の内部と通じ合っているような明るさや清々しさ、時代や社会の変化によって見え方が変わって輝く要素…、それは空間だけではなく時間軸にも関わることかもしれない。テーマを語る表現のために使われた「土着」という言葉も印象的だったが、そこには環境への「能動」と「受動」を共にしているあり方、環境と「相即相入」していることを拒絶しない生き方への眼差しが見える。また、アフリカ・ジンバブエの「貯金レンガ」体験の紹介を含む作品展示にも興味を惹かれた。現代の東大寺でも 1〜3 万枚に及ぶ「貯金瓦」が常に増減しながら機能している。貨幣価値や政情の不安に対応する素朴な実践のようにも見えるが「未来への意思」がここにも存在するように感じられた。「学び」のありかたをめぐって、技術や施工という切り口を強調する展示もあった。自分自身でも驚くのだが、見る者の心が何故かその、「意思が形態に宿る不思議」に触れたくなるのだ。まなざしを「U-35」という年齢に向ければ、お釈迦さまが「ブッダ」としてデビューされたのが 35 歳。私たち僧侶には、ことのほか示唆に満ちた年齢の設定でもあった。

　「U-35」を開催する「AAF」は、関西の大学生らを中心にノンプロフィットで活動している組織で、西を代表される平沼孝啓氏、東を代表される藤本壮介氏、さらに腰原幹雄氏をはじめ、近い将

来この国を代表するであろう多くの建築家・構造家の指導のもと、後進に向けた幾つかの事業を展開されている。その活動のプロセスを何よりもリアルに示しているのが「建築学生ワークショップ」だろう。私も伊勢神宮や出雲大社など、過去に開催されたこのワークショップを通して多くの感銘を受けることになった。参加学生が実行しようとする内容の危うさと想定外の発想力に、紆余曲折も多く存在したが、未来を産む種の発芽する瞬間を委ねられたような、おののきにも似た空気が新鮮である。さらにことのほか印象深かったのは、審査する側も多くのことを「言葉」に託す一方、学生側も、作品での表現以上に「言葉」を求められる場面が数多くあったことだ。そして 2020 年9 月、「U-35」に先立ち、東大寺でも「建築学生ワークショップ」が開催された。新型コロナウイルス流行のため、準備段階の時期には、外出自粛やリモートと呼ばれはじめた要請がモザイクのように参加学生の想いを見えにくくした印象があった。また、最終の公開プレゼンテーションを、様々な対策を講じたうえで 8 月末の開催予定から 9 月中旬に延期せざるを得なかった。とはいえ、「ああ言えばそう応え、そう来ればまた次の問いが飛んでくる」、ある意味期待もされていたのであろう、そんな時間を共にする機会が訪れたことが何にも増して感慨深かった。東大寺は禅宗ではないので、よい喩えではないかもしれないが、「沈黙の座禅を通して人をつくる」という禅宗にして、口先理屈で人間ができるかと言いつつ禅問答では遠慮会釈がない。何かそういうことに通ずる、「人が人を創る生きた作法」のようなものを感じさせられたことも記憶に残った。新型コロナウイルス流行による紆余曲折もあったが、開催地である東大寺としても、この「人を育み、人へ継ぐ」作法を、無事、鎮座百年を迎えられた次の開催地である明治神宮様へ引き継ぐことができたと思う。

　東大寺にも、建築と共に歩んできた長い歴史がある。「建築学生ワークショップ」で最終の成果発表の場となる公開プレゼンテーションが開催された「大仏殿」は、江戸時代の再建時に規模が三分の二に縮小されたとはいえ、木造建築としては世界最大規模を誇る。江戸時代、東大寺は大坂の安治川河口近くに大仏殿再建の活動拠点を設けており、その地は後に「大佛島」と呼ばれるようになった。伝統建築である大仏殿の建築資材の多くは木材である。瀬戸内海や紀伊水道を経てもたらされた木材は、水路を使い、おそらく中之島、大川、淀川を経て木津川を遡り、山城木津で陸揚げされ、陸上を木曳きされて東大寺に運び込まれた。そのようなことを思うと、「U-35」の会場も大仏殿再建ゆかりの地であると言える。とはいえ、展示の中に寺社建築は見当たらない。祈りの場が伝統的な建築であったり特定の宗教のものであったりする必要は必ずしもないが、数々の日本を代表する

宗教空間で開催されてきた建築学生ワークショップ世代が参加する「U-35」では、新たな「祈りの空間」への挑戦もあって欲しいと願っている。祈りの場は世界中に今もなお、存在するのだから。

　最後に、発表者や来場者の多くが属している年齢を見ながら考えてみる。60 代の半ばを生きている私は、「この世界では、時を経て崩壊しようとしている吊り橋のように、色々な物や事が『その時』を待っている。」という気配をどこかに見ている。それはいつの時代であってもそうだったのかもしれないが、コロナ禍の事を言わなくても、今の時代には、そのような気配を見ようとする動きがどこからか生まれてくるのだろう。それならば、「U-35」という本展に目を輝かせて集まる未来を託された若者たちに、その気配はどのように見えるのだろうか。伝統建築やそれが護られてきたとされる環境にいると「景観保護」という事がよく言われるが、景観は必ず変わる。先ずそこに出入りする人の姿と心が変わるのだから。時間は目に見えないが目に見えたら変わっていることが解るだろう。つまり人の心を変える景観が創造されれば、景観が変わるという観念自体が良くも悪くも変化するのだろう。それは変化ではなく誕生だともいえる。良質な建築の場に関わる創造力は、人が未来に持つ希望を手元に引き寄せる力がある。本展を訪れこの良質な場を共有する来場者は、展示を見るだけではなく、提案者や建築を志す多くの者たちと言葉を交わすことだろう。「U-35」の若い建築家たちが、人々の中に存在する希望を感じ取り、その空気を創造という光の中に包み込むことができるとしたら、この事業は素晴らしく貴重な試みとなるだろう。

　「建築学生ワークショップ」から「U-35」に関わる機会を得て、作品やテーマとして表現された建築が、実体としての建築そのものと、それに触れ佇む人々の心との両方から出来ている「主伴相有の体」であることを再認識させられた。そもそも建築とは、造るのも、見るのも、使うのも、「人」なのだ。その「人」であることの根幹にしっかり繋がった「建築学生ワークショップ」が次のステージである「U-35」へと、蔓が光を求めるように結び繋がっている。それを確認できたことも大きな収穫であった。この中で育まれた技術者たちが羽ばたいてゆく建築界にも、多くの期待を生むことであろう。そして新たな開催の風景に、この変化と閉塞を強いられる社会状況への反映が、どのように表出されるのかも興味深く見守りたい。開催地関係者としては、東大寺や日本の建築の未来のみならず、世界の建築の未来に、本展に関わった人々の名が記されることを心から祈ることで、開催に関わらせていただいた「証し」としたい。

コロナ禍の社会情勢において－建築の役割－

音羽悟（おとわ さとる・神宮主事／神宮司庁 広報室広報課長）

1966 年滋賀県生まれ、92 年皇學館大学大学院博士前期課程国史学専攻修了後、神宮出仕。2018 年より広報室広報課長。現在は神宮研修所教員・教学課研究員兼任。皇學館大学神職養成室明階総合課程講師も務める。主な著書に、『悠久の森　神宮の祭祀と歴史』（弘文堂）、『伊勢神宮　解説編』（新潮社）がある。

　神宮奉職 30 年の節目の年を迎えた。「光陰矢のごとし」とはよく言ったもので、平成 4 年 3 月に皇學館大学大学院博士前期課程国史学専攻を修了し、翌 4 月、神宮出仕を拝命した。第 61 回神宮式年遷宮の遷御の儀を 1 年半後に控えた、その前年の遷宮の啓発活動が盛んな時期であった。まだ駆け出しであった当時は、日頃の奉仕も祭典も見るもの全てが新鮮でわからないことばかりであり、常に先輩の指導と叱咤激励を受けながら日々を過ごしているうち、瞬く間に遷宮が終わった印象しかない。あれからもう 30 年近くになるのかと、時々思い出しては感慨にふけることがある。

　昨年も本誌に寄稿させていただき、威勢良く青春時代に憧れた建築家への夢を吐露し、神宮奉職に至った経緯なども述懐し、爾来神宮式年遷宮の建築史などの研究に携わったことなども紹介した。一年前のことなので、まだ記憶に新しく、読み返すと、「よくこんなこと書けたなあ」とあまりの恥ずかしさに苦笑したくなる。古くから知己を得て、毎年晩夏に開催される建築学生ワークショップにお招きくださっている建築家平沼孝啓さんが昨年の 12 月 1 日に神宮司庁の私のもとを訪ねられ、その際、今後もU-35 の図録への通年の執筆をお願いされた。快くお引き受けしたものの、皆さんもご承知の通り、建築学への情熱的な関心と建築史へのこだわりは既に前誌に書き尽くしたので、はてさてどうしたものかと、あとで思い悩んだ。平沼さんに二つ返事した後で、毎回ネタをどう探し出そうかと些か不安にもなった。幸い 2 回目の今回は今日の社会情勢を鑑み、コロナ禍で感得し

たことをテーマにできるなと気を取り直し、こんな状況だからこそ、改めて建築学が果たす役割は急務だと痛感した内容を紙面に網羅できる、と光明が差してきた。

　そこで、コロナ禍の話題から入ろう。令和 2 年の幕開けとともに中華人民共和国武漢地方に発生した新型コロナウイルス感染が茶の間のテレビに、どのチャンネルを繰ってもトップ事項として飛び込むようになり、日毎に感染が拡大しているニュースが芸能やグルメ、旅行等の話題に取って代わり、主流として各局報道するようになった。折柄ダイヤモンドプリンセス号の乗員乗客の感染が広まりつつある報道が過熱し、国民の関心がコロナ禍に集中し、一気に話題をさらったように感じた。しかしこのときには、まだこの新型ウイルスの脅威が国際的な問題にまで進展し、よもや人類とのあくなき戦いにまで発展する世界恐慌に及ぶとは誰もが知るよしもなかった。

　加えて、教育の現場は臨時休校を余儀なくされ、あまつさえ初夏を迎える頃には緊急事態宣言が全国的に発出され、国民の生活も一変した。密閉・密接・密集といわれる三密を避けるソーシャルディスタンスなどという言葉が専門家の間で叫ばれ、巷で新しい生活様式が積極的に取り入れられ、やがて全国津々浦々に定着していった。

　災難はさらに続く。梅雨時には追い打ちをかけるように線状降水帯による豪雨で、熊本県を中心に九州地方に甚大な被害が波及した。近年の度重なる天災により、国民は心身共に疲弊するばかりであるが、こんな時に人々の心の支えとなる、心の拠り所となる事物が必要だと私は常々自問自答した。国民の心が折れてしまっているこんなときこそ、神社仏閣の癒やしの存在はもちろん必要である。しかし私は人々の身近なところで、人間の社会生活にとって必要不可欠な「衣食住」のうちの住、つまり建築が果たす役割が最も大きいのではないか、と心に問うてみた。

ところで、新型コロナウイルス感染症の第二波が少し落ち着いたかなと思われた 10 月 24 日（土）に U-35 は大阪うめきたシップで開催された。コロナ禍のなか、令和 2 年度の開催は非常に危ぶまれたという。平沼さんからお聞きしたところ、各受賞候補者はリモートによるオンライントークなどを駆使して意見交換したという。リモートによる座談会など、新しい生活様式がここでも存分に取り入れられ、シンポジウム開催にまでこぎ着けることができたのは何よりであった。いずれの建築も地域社会に根ざした、その土地の風土に照らした設計がなされており、若い建築家の発想に頼もしさを感じた。三重県の一地方の田舎の風景と傾斜をうまく利用した設計に心の豊かさを感じた。また小田急線線路跡地を敷地とした下北沢線路街の商業施設には忘れ去られつつある共同体のコミュニケーションの場があると直感した。生活動線の広場をうまく活用して、商いをする人の暮らしと店を利用する客層のゆとりの空間を見つけた気がした。

　人々が社会生活を営むうえで共同体という意識は、過疎化が社会問題として取り上げられている昨今、地域振興に根ざした重要な事柄であるのは言うまでもない。殊にグランプリを受賞された山田紗子さんのバナキュラーには、共同体の意識を持つ意味においても新たな取り組みだと痛感し、植物と一体化した住居に最も癒やしの空間を垣間見た。若い人の斬新な発想にはいつも驚かされる。

　さて少し神宮の殿舎について話題を提供したい。神宮の建築は神明造として知られるが、一説によると、伊東忠太が「唯一神明造」と称したことが、特別な存在として定着したとされる。20 年に一度東西の御敷地を交互にして、建て替えられる式年遷宮のたびに神宮の殿舎は一新されるが、ではその建物の強度はいかほどのものであろうか。

　ここに一例を挙げておこう。宝永 4 年（1707）10 月 4 日に関東甲信越から九州に至るまでの広い範囲で発生した大地震は、マグニチュード 8.4 と推定され、その被害は特に東海道、伊勢湾、紀伊半島で大きく、熊野灘沿岸の村々では、地震後の津波で壊滅的な被害を蒙ったところも少なくなかった。このような中、伊勢の神宮においては、当時の状況を伝える長官（一禰宜）日記などによれば、内宮西御敷地の大外の石垣（板垣西南隅の石垣）、風日祈宮北側の石垣の一部、五十鈴川御手洗場の北側の石垣の一部が倒壊する被害が及んだ（いずれも近世に新しく築石した箇所）が、幸い御正宮の殿舎が破損することは無かった。他所と比べて宇治と山田の町の罹災率は記録上あまり高

くなかったことも関係あるかもしれないが、掘っ立て形式で萱葺きの屋根を押さえる鰹木の建築様式である神明造は、地震にも耐え得る構造であったのであろう。これまで明応 7 年（1498）、嘉永 7 年（1852）と併せ、東海地方には 3 度の大地震の記録があるが、いずれも神宮の建物が倒壊したというような古文献は見当たらない。御殿の妻側にあたる東西にどっしりと棟持柱が据えられ、高々と聳える千木の建築様式になったのは、白鳳期に至ってのこととする学説もあるが、一千三百年以上も前の建築構造が地震にも強いという傍証になると私は勝手に想像している。

さて話題を変え、これからの建築には何が求められるのか。私は岩手県陸前高田市に伊東豊雄さんが設計された「みんなの家」にヒントが隠されていると思う。共同体として地域社会で暮らしを共にされる人たちの憩いの場となる複合施設は地域振興に画期的だと思う。人々に安らぎを与えるオブジェなども建築の一部だと私は考える。では、その土地の風土に照らした建築とは何か。

伊勢を例にとると、『万葉集』などに代表される伊勢は「神風」であり、「かむかぜ」と読ませるこの語彙を枕詞にする伊勢の気候風土にぴったりの言葉である。また『日本書紀』の垂仁天皇の御代に天照大御神は倭姫命に「この神風の伊勢の国は、遠く常世から波が幾重にも寄せては帰る国である」と仰せられたことから、「常世の波」も伊勢のイメージの一つといえる。そして太陽にも喩えられる天照大御神の御神徳を想起し、光、風、波を取り入れたオブジェなどの製作に誰かが挑戦してくれたらいいなあ、などと私は勝手に青写真を描いている。

それからこれからの建築学には、見た目の美しさだけではなく、地震や津波にも耐久できるような強度面も視野に入れる必要があろう。構造力学が肝要である。門外漢の私には、神宮の神明造がどれくらい地震に対して強いのか、実情を知りたい気もする。また 9 月 20 日、「建築学生ワークショップ東大寺 2020」が大仏殿北側の広場で開催された際に仰ぎ見た、大仏殿の荘厳にして華麗な部材の組み方がどれほどの耐久性を持っているのであろうか。知り合いの東京大学の腰原幹雄さんや佐藤淳さんなど構造力学を専門とする先生方に神宮の神明造や東大寺大仏殿の構造の働きを聞いてみたい。

毎年晩夏に開催される建築学生ワークショップと U-35 のシンポジウムには平沼さんからお誘いをいただく限り、今後も参加し続ける所存である。

foreword｜菅谷富夫（すがや とみお）
学芸員が 34 歳にはじめた美術館建築という宿題

菅谷富夫（すがや とみお・大阪中之島美術館長）

1958 年生まれ。明治大学大学院博士課程前期修了。編集者を経て、1990 年財団法人滋賀
県陶芸の森学芸員。1992 年大阪市立近代美術館建設準備室学芸員。2017 年より大阪中之
島美術館準備室長、2019 年より現職。館外においても美術・デザインの批評・評論活動
を行う。担当した主な展覧会は「美術都市・大阪の発見」、「早川良雄の時代」展など。著書
に「都市デザインの手法」（共著）、「デザイン史を学ぶクリティカルワーズ」（共著）など。

　私は現在、新しい美術館をつくる仕事をしています。34 歳の時に大阪中之島美術館準備室の前身
組織である大阪市立近代美術館建設準備室に入り、来年の初めに開館するまで約 30 年にわたりこの
プロジェクトに携わっています。職種は学芸員としてスタートしていますので、仕事は美術館建設
だけではなく機関としての美術館すべてを立ち上げることです。私のキャリアの中ではそれ以前に
も美術館の立ち上げには関わったことはありました。しかし今回のプロジェクトは規模の大きさと
言い期間の長さと言い、私にとって最も大きな美術館プロジェクトであり、私のキャリアの中で 35
歳以前にもらった「宿題」の回答でもあるのです。

　私と建築の最大の出会いであるこの美術館プロジェクトのお話をする前に、それ以前の美術館立
ち上げについて、つまり 35 歳までの美術館建築体験について触れておきます。最初は 28 歳頃だっ
たでしょうか。バブルの時代です。東京・六本木で財団法人工芸学会という団体の会館建設でした。
時代といい場所といい、なかなか闇の深い経緯のある団体のプロジェクトでした。詳細な経緯は省
略しますが六本木の真ん中に３００坪４面道路の敷地に、「工芸の振興」という公共的な目的で計画
はスタートしました。私はそこの職員だったのですが計画の段階でその団体を離れてしまったので、
具体的な建設に伴走することはありませんでした。その後、建物は無事建設され目的を遂げた様で
すが、やはりバブルの産物だったためオーナー自身の凋落とともに看板も下ろした様で漂流状態に

なったと聞いています。その後、私も東京を離れたため詳しいことは知りません。ちなみに建築家は岡田新一だったはずです。もっとも私はこの最高裁判所の建築家である先生とは一度もお会いすることもなく、事務所の所員の方と一、二度お会いしただけでした。私がここでしたことは展示室など必要設備の洗い出しなどだけで、建築に直接触れることはありませんでした。この美術館建築とはサワリだけで、とても経験したというほどではなかったのです。

　次に関わったのは、最初の六本木の建物の直後、30 歳過ぎの 1988 年頃でした。滋賀県信楽に作られた陶芸の森陶芸館です。ここは英語の施設名が Shigaraki Ceramic Cultural Park というくらいで美術館である「陶芸館」をはじめ、陶芸用のスタジオや登窯、アーティストレジデンス用の宿泊施設、さらには地場産業の信楽焼を紹介する「伝統産業館」や本部棟などが、文字通り広い公園の中に散在する施設です。こちらの建築家は川崎清です。岡田新一といい 30 歳そこそこの若者であった私にとっては、どっぷり浸かっていればとても良い経験になったはずですが、六本木とは逆で施工途中からの参加であり、私から言わせていただければ後始末の役を果たすことになりました。

　ここの学芸員として東京から滋賀県信楽に移った私は、のちに陶芸館という名前になる陶芸専門美術館の創設担当者になります。つまり作品を集めコレクションを作り、館の性格付と方向性を決め、運営体制をつくることになったのです。同時に柿落としに「世界陶芸祭」という陶芸をテーマにした地方博覧会が予定されており、そちらの準備にも関わりました。当時は日本各地で様々なテーマの地方博覧会が盛んに開催されており、滋賀県としては信楽を舞台に陶芸による博覧会を開催し、地元の窯業と観光事業の活性化を目指したのでした。世界陶芸祭は順調にスタートしたものの、覚えていらっしゃる方も多いと思いますが、現地へのアクセスであった信楽高原鉄道の事故により開催途中で中止になってしまいます。この大規模イベントで私は仮設建築というものに出会います。先ほどあげた陶芸館やスタジオ、伝統産業館などは恒久的な施設として計画されていましたが、他

の施設は博覧会会期中だけの建物です。世界の民族的な陶芸作品を展示する館や貴重な洋食器を展示した館があった様に記憶しています。それらは半年の博覧会会期が終われば撤去されるもので、そばで見ていた私には建物の違いと幅広さを知ることもでき、建築というもののあり方について考える基礎材料をもらうことになったと思います。

　陶芸館の建築はそこの学芸員になった当時、すでに着工直前でした。一部工事は始まっていたかもしれません。コレクションはまだないし、どの様に展示をするかも決まっていません。陶芸家である計画委員の皆さんがイメージされていただけで、運営当事者である学芸員の意向は反映されていませんでした。何しろ学芸員は私が行くまでいなかったのですから。基本設計はもちろん実施設計もできていたわけで、私のできることは建築担当の信楽町職員と設計変更に努めることでした。幸い建築担当職員の少しでも良いものにしたいという熱意に助けられ、できる限りのことはしたつもりです。ここで学んだのは、建築は設計者である建築家だけでは実現が難しいものであるということと、もうひとつは図面の読み方でした。図面に描かれた線1本が段差であったり仕上げの劇的な違いであったり、完成した物を見て愕然としたことがありました。今でも痛い思い出として残っています。

　1991年に世界陶芸祭が中止になりその後の会場再整備にもめどがついた頃、私は信楽を離れ大阪に移ります。冒頭に述べた大阪市立近代美術館建設準備室に学芸員として着任したのでした。このプロジェクト本体は1990年に準備室が設置されて本格的にスタートしていました。とはいえ私が移った1992年4月はまだまだ始動期であり、これからという意気込みに満ちた準備室でした。当時の美術館設立の常識としては5年から8年くらいでオープンするものでしたから、この館も1990年代後半にはオープンできるはずでした。したがって建築についても2、3年のうちに着手する予定だったと思います。私としては六本木で冒頭だけ、信楽で終わりだけ関係した美術館建築に最初から最後まで関わることのできる機会であり、いわば20代からの宿題を34歳にしてやっと着手できるところに立ったのでした。もちろん学芸員の上司はひとりいましたが、今考えれば34歳の私がこのプロジェクトの主要なポジションにつけたのは破格だったのかもしれません。あるいは時代そのものが若かったのかもしれません。何しろまだバブルの残る時代でしたから。

　しかし建物に取り掛かる1990年代後半にバブル崩壊の煽りを受けて設置主体である大阪市の財

政状況が悪化したため、作品コレクションの収集は細々と進みましたが建築には着手することが出来ませんでした。結局、建築に進むことが出来たのは 2016 年でした。この年に建築コンペが始まります。その後の経緯はご存知の方も多いと思います。2017 年には遠藤克彦氏に決まり建設のプロセスがスタートしたわけです。しかし内部ではすでにその数年前から建築の方針が議論されていました。2 年前から実際の設計事務所をコンサルタントとした仮定の設計が 2 度も行われ問題点の洗い出しがされています。この時に、条件が同じでも建築家によって全く違うものができるのだと、改めて実感しました。建築という世界の豊かさを知るとともに、発注側として大いに期待を膨らませたものです。またこの過程で、信楽と同様、大阪市の営繕担当の職員たちの熱意と優れた管理能力に舌を巻きました。学芸員である私は当然、漠然としたイメージを形にする術を知らないわけですが、彼らは瞬く間に具体的な条件へと転換させていきました。そして着工後も私の想像を絶するスピードでイメージから形へと定着させるべく建築家と私たち学芸員の間に入って協議を進めてくれたのです。建築家と学芸員だけではこの建物は出来なかったに違いありません。

　美術館建築という私の引きずった宿題は、30 年かかってしまいましたが大阪中之島美術館という形でもうすぐ完成します。2021 年 6 月末には竣工予定ですので、この原稿執筆段階ではまだ建設は進行中です。34 歳の時の思いとしては退職するまでにあと 2 つくらい美術館建築に関わりたいと思っていましたが、どうも私のキャリアはここまでの様です。建築家の評価とは別に美術館としての評価もされることでしょう。それは私のキャリア自体への評価でもあります。どんな評価でも甘んじて受けざるを得ません。宿題の出来はどうでしょうか。

10 process in architecture exhibition

—— これまでの展覧会を振り返りながら、公募で募られた出展者の一世代上の建築家と建築史家により、U-35（以下、本展）を通じたこれからの建築展のあり方と、U-35 の存在を考察する。

「10 会議」の発足

　2010 年、U-30 として開催を始めた本展は、世界の第一線で活躍する巨匠建築家と、出展者の一世代上の建築家と議論し、あらたな建築の価値を批評し共有するために召集された。巨匠建築家には伊東豊雄。そして一世代上の建築家として、全国の地方区分で影響力を持ちはじめ新たな活動をされていた建築家・史家である、東より、北海道の五十嵐淳をはじめ、東北の五十嵐太郎、関東の藤本壮介、関西の平沼孝啓、中国地方の三分一博志や、九州地方の塩塚隆生などが、中部と四国を除いた、日本の 6 地域から集まった。そして開催初年度に登壇した、三分一、塩塚など 1960 年代生まれの建築家から、開催を重ねるごとに 1970 年代生まれの建築家・史家が中心となる。3 年後の 2012 年には、この 8 人の建築家（五十嵐淳、石上純也、谷尻誠、平田晃久、平沼孝啓、藤本壮介、2013 年より、芦澤竜一、吉村靖孝）と 2 人の建築史家（五十嵐太郎、倉方俊輔）による現在のメンバーにより開催を重ね、8 年が経つ。そもそもこの展覧会を起案した平沼が「一世代上」と称した意図は、出展の約 10 年後に過去の出展者の年齢が一世代上がり、世代下の出展者である新時代を考察するような仕組みとなるよう当初に試みたのだが、この 10 名が集まった 4 年目の開催の時期に、藤本が「この建築展は、我らの世代で見守り続け、我らの世代で建築のあり方を変える」という発言から、本展を見守り続けるメンバーとして位置づけられていった。そして同時期に、五十嵐太郎の発案で「建築家の登竜門となるような公募型の展覧会」を目指すようになる。

　ここで振り返ると、開催初年度に出展した若手建築家と出会うのは開催前年度の 2009 年。長きにわたり大学で教鞭を執る建築家たちによる候補者の情報を得て、独立を果たしたばかりであった全国の若手建築家のアトリエ、もしくは自宅に出向き、27 組の中から大西麻貴や増田大坪、米澤隆等を代表とする出展者 7 組を選出した。その翌年の選出はこの前年の出展者の約半数を指名で残しながら、自薦による公募を開始するものの、他薦による出展候補者の選考も併用する。はじめて開始した公募による選考は、オーガナイザーを務める平沼が担当し、応募少数であったことから、書類審査による一次選考と、面接による二次選考による二段階審査方式としていた。また海外からの応募もあり 2011 年の出展を果たした、デンマーク在住の応募者、加藤＋ヴィクトリアの面接は、平沼の欧州出張中にフィンランドで実施された。また、他薦によるものは、塚本由晴による推薦を得て出展した金野千恵や、西沢大良による海法圭等がいる。つまり 1 年目は完全指名、2 年目の 2011 年からは、前年度出展者からの指名と公募による自薦、プロフェッサー・アーキテクトによる他薦を併用していた。そして、現在の完全公募によるプログラムを実施したのは、開催 5 年目の 2014 年である。このとき初代・審査委員長を務めた石上が、自らの年齢に近づけ対等な議論が交

わせるようにと、展覧会の主題であった U-30 を、U-35 として出展者の年齢を 5 歳上げた時期であり、それから今年の開催で 7 年が経つ。また、この主題の変更に合わせてもう一つ議論されていたアワードの設定（GOLD MEDAL）は、完全公募による選考と出展者の年齢が 35 歳以下となった翌年の開催である 2015 年。公募開催第 2 回目の審査委員長を務めた藤本が、はじめてのゴールドメダル授与設定に対し、「受賞該当者なし」と評した。しかしこれが大きく景気付けられ、翌年には伊東豊雄自らが選出する「伊東賞」が隔年で設定するアワードとして追加され、それぞれの副賞に翌年の出展者としてシード権を与えられるようになる。振り返れば、タイトルを変えてしまうほどの出展年齢もそうだが、プログラムが徐々にコンポジットし変化し続けていくのが、本展のあり方のようだ。2020 年は昨年 10 年間の開催を終え、基盤をつくり準備を整えた本展があらたな 10 年を目指そうとした 1 年目。大きな試練を迎えることになったが、適切な備えを講じて、本展は今回 11 年目の開催を無事に開幕した。

この出展者の一世代上の建築家・史家たちが時代と共に位置づけてきたシンポジウムのメンバー 10 名が一同に揃う開催後に場を設け、今後の U-35 のプログラムのあり方を議論すると共に、ファインアートの美術展のように展覧会自体が発表の主体とならない、発展途上の分野である建築展のあり方を模索する会議を「10 会議」と名づけ、2017 年度より開催している。今年は、昨年の審査委員長倉方俊輔と、2020 年開催の審査委員長谷尻誠、そして来年の審査委員長を務めることになった吉村靖孝を中心に、第 4 回目の「10 会議」を開催した。

　　　　それでは、「10 会議」をはじめさせていただきます。この会議は、出展者の一世代上の建築家・史家たちが時代と共に位置づけてきたシンポジウムのメンバー 10 名が一同に揃った開催後に開催させていただいております。今年度は開催 11 年目となる新たな 1 年を迎えたことから、10 年後を見据えた U-35 のプログラムのあり方を議論すると共に、ファインアートの美術展のように展覧会自体が発表の主体とならない、発展途上の分野である建築展のあり方を模索する場として設けております。これまで審査委員長を務めていただきました五十嵐太郎先生、平田先生、倉方先生、今年、2020 年開催の審査委員長の谷尻先生、そして来年の審査委員長を務めていただくことになった吉村先生を中心に、このたび万博のプロデューサーとなられた藤本先生にも同じ開催地・関西で行っている U-35 展覧会についてのご意見をいただきたく、第 4 回目「10 会議」を開催いたします。開催当時より本展オーガナイザーを務めてくださっている平沼先生、本日も進行の補足応答をどうぞよろしくお願いいたします。あらためまして長時間にわたり、本日も大変お疲れさまでございました。またこの情勢のなか、どの先生も欠席されず、奇跡的な開催ができましたことを感慨深く感じております。11 年目の U-35 2020 記念シンポジウムをただ今、終了させていただきました。まずは今年の出展者を振り返り、印象をお聞かせください。本年の出展者の選出から GOLD MEDAL の審査委員長を務められた、谷尻先生よりお願い致します。

谷尻：総評の繰り返しになりますが、U-35 は本当に優秀な方たちが出展されるようになりましたね。その上で彼らは、ひとつの建築をつくることで終わりになっている印象も強かったように感じています。もちろんこの場に出てくるような出展者の皆さんは、今後も建築家として立派にやっていくのだと思うのですが、その射程距離が少し短い。もう少し先の未来を想像してつくって欲しいと感じました。それは使われる建物の部分と設計手法という創り方の両方に対しての期待をしています。

倉方：本当に近年、段々とハイレベルな発表になってきて、コンセプトも骨太で発言も含めて安心して聞いていました。出展者も結果的にですがバラエティーに富んでいて、きちんと言葉にしようと努めていて、議論になりやすい印象を受けました。

平田：僕が審査委員長を務めた年に皆さんで推薦枠を設けたのですね。多分それで相当レベルが上がって、今年はその効果が浸透したのでしょう。とても良かったと思います。ひとつのムーブメントを成型する建築論ができかけているような感じさえあって、それも凄く良いことだと思っています。でも、せっかくこれだけのメンバーが集まって話すので、個別の発表者に対してのコメントだけではなくて、もう少し今の建築に対してそれぞれの考え方が浮かび上がるようになることを望ん

でいます。そのためにもう少し時間が欲しい。だから僕たちの挨拶はカットするとか、あと 30 分くらいあると何とかなるでしょうか。

平沼：来年一度、僕らの挨拶をやめてしまいましょうか。客席での視聴はせずに、開演時間に壇上に座り登壇する。この面子で固定できていますので、そろそろ全体が認めてくれる頃かもしれないし、講評会形式を強めて、平田さんが言う、今の建築論をこの場で浮かび上がらせる機会にしましょうか。

藤本：うんうん、そうしてみましょう。

倉方：その方が聞いている人にも教育的ですね。やはり我々の世代はそろそろ学生との年齢的な距離も出てくる頃だから、「こんなことを考えている建築家史家がいるんだ」と、ある意味、この世代の在り方も示せるし、そのことから、発表する U-35 の在り方も分かるんじゃないかなと思います。そのためには、確かにもう少し議論も含めて互いの像が見えてきた方がいいかもしれません。

平田：個別の発表は、事前の打ち合わせをして、誰が誰に対して答えるかを決めておいても良いですよ。そうすると会場とも共有しやすいのかもしれません。だからコメントは簡潔にして最後の議論にもう少し時間をかけるようにすると、更に面白くなるんじゃないかと思います。

藤本：平田の議論にはついていけなくなりそうな気はするけどね。さっきのはギリギリだったよ。

一同：わはは（笑）。

平田：時間がないと思って、これ以上喋ったら喋りすぎだなと思って余計分かりにくくなっちゃった（笑）。藤本がちゃんと解説してくれたから良かったです。でも途中からすごい覆いかぶさるように良い人になっていたよね。

一同：あはは（笑）。

藤本：だって、応援してあげなくちゃいけないでしょ。結構、厳しいことも言っちゃったけどね（笑）。

――― 谷尻先生 1 年間、審査委員長のお役目大変お疲れさまでした。そして皆さんへ変更の効果についてお聞かせください。昨年より今年のシンポジウム発表形式とディスカッションの時間を多く設けようと修正致しました。来年に向けて、このプログラム修正の効果を振り返っていただけませんでしょうか。

五十嵐太郎：良くなりましたね。変更の効果があったと思います。

平沼：来年も同様の時間配分で議論を少しでも増やせたら、ちょうど良いですね。

藤本：良いと思います。やはり議論が一番面白いから、その時間を多く取るような配分にしましょう。

倉方：最低今日くらいの時間があれば、出展者が一人一人、一通り話せたので良かったですね。

芦澤：以前のように、壇上でみんなが座ったまま、マイクを回せばよかったんじゃない？

平沼：今年はこの情勢ですから感染拡大予防として、マイクをできるだけ共有しないように備えたのです。

一同：なるほど。

五十嵐太郎：そういえば演台で人が入れ替わるたびに、マイクを消毒するのを見ましたね。

平沼：来年は感染状況が変化するといいなぁと思っていますが、正しく恐れてその情勢に合わせた開催を継いでいきましょう。

芦澤：発表者に対して質疑が、1〜2名だけというのは少なすぎませんか。

藤本：そのくらいで良いじゃないですか。

倉方：後で議論する方が良いですね。

藤本：そうですね。個別に集中した質疑をするというよりは、全体で議論を交わす方が良いでしょう。もし質疑が決まった人に偏ったら、少ない人をこちらでケアしてあげれば良いですし。

五十嵐太郎：発表者1人に対して少なくとも1問は質疑をあげた方が良くないですか。

平沼：質疑がないのもやや危ういですし、上世代の建築家史家の中でも、これまで発言をされない方もおられたため、偏ることを避けるために、司会の方に指名で当ててもらえるようにお願いしていました。

藤本：そんなに気にならないから大丈夫ですよ（笑）。僕は司会の方が振り分けて当てるというシステムが、どうも非人間的に見えて苦手なんです。

平沼：（笑）それでは来年、意欲的に挙手制でやってみましょうか。

藤本：はい。この固定した面子だと、その方が盛り上がるような気がします！

――― 4年前、第1回目の「10会議」を発足し、本展のあり方を議論させていただく中で、出展者の選出方法に他薦である推薦枠を追加することとし、1 他薦・推薦枠、2 自薦・公募枠、3 シード・指名枠との 3 枠といたしました。また昨年の開催中、ゴールドメダルを獲られた秋吉さんから、出展者世代の方か若手の同世代の存在をご存じであるとのご意見をいただいたことから、今年の出展者からそれぞれ 2-3 名のお薦めリストをいただき、これを参考に、皆さんから出展候補者を選出いただきました。来年の 10 名による選出者の簡単な紹介を五十嵐太郎先生よりお願いいたします。

【2021年推薦】審査委員長：吉村靖孝

01. 五十嵐太郎　●原田雄次｜原田雄次建築工藝

02. 倉方俊輔　●太田翔＋式井良祐｜OSTR

03. 芦澤竜一　●山門晶　｜TEAM クラフトン

04. 五十嵐淳　●森恵吾＋張婕｜ATELIER MOZH

05. 石上純也　●岸秀和｜岸秀和建築設計事務所

06. 谷尻誠　●鈴木岳彦｜鈴木岳彦建築設計事務所

07. 平田晃久　●松下晃士｜OFFICE COASTLINE

08. 平沼孝啓　●栄家志保｜EIKA studio

09. 藤本壮介　●板坂留五｜RUI Architects

10. 吉村靖孝　○2021年 審査委員長のため不選出

【2019年推薦】審査委員長：倉方俊輔

01. 五十嵐太郎　●柿木佑介＋廣岡周平｜パーソンモン＋ヒル

02. 倉方俊輔　○2019年 審査委員長のため不選出

03. 芦澤竜一　●佐藤研吾　｜KOROGARO

04. 五十嵐淳　●武田清明　｜武田清明建築設計事務所

05. 石上純也　●津川恵理　｜津川恵理建築設計事務所

06. 谷尻誠　●中屋彰宏 斉藤俊和｜STUDIO MOVE

07. 平田晃久　●山田紗子　｜山田紗子建築設計事務所

08. 平沼孝啓　●岩瀬諒子　｜岩瀬諒子設計事務所

09. 藤本壮介　●百枝優　｜百枝優建築設計事務所

10. 吉村靖孝　●秋吉浩気　｜VUILD

【2020年推薦】審査委員長：谷尻誠

●山道拓人 千葉元生 西川日満里｜ツバメアーキテクツ

●照井優法 丸山裕貴　勝亦丸山建築計画

●山口晶　｜TEAM クラフトン

●宮城島宗人｜宮城島宗人建築設計事務所

●葛島隆之｜葛島隆之建築設計事務所

○2020年 審査委員長のため不選出

●松井さやか｜松井さやか建築設計事務所

●栄家志保｜EIKA studio

●山田紗子｜山田紗子建築設計事務所

●板坂留五｜RUI Architects

前頁記載の他薦・推薦枠より 2-3 組、自薦・公募枠により 2-3 組、
前年の GOLD MEDAL 受賞者と TOYO ITO PRIZE 受賞者のシード枠により 1-2 組＝計 7 組

●2020 年 GOLD MEDAL　　受賞 シード枠出展候補者　山田紗子
　2020 年 TOYO ITO PRIZE　受賞 シード枠出展候補者　ツバメアーキテクツ
●推薦枠・公募枠による選出数は、当年の審査委員長・選出数による。

五十嵐太郎：原田雄次さん。日本に戻ってからまだ時間が経っていないので、あまり実作はないように思いますが、審査に関わったアイデア・コンペで 1 等を取られて知りました。横浜国立大学のY-GSA を出て、チリのスミルハン・ラディックの事務所で修行をしていた人です。スミルハンはある種ポエティックというか、今の日本に全然ないタイプの建築を作っています。コンペのときの原田さんも、そうした雰囲気の案を出していました。これまでにない毛色の若手ということで、どういう活動をしているのかを僕自身も知りたいと思い推薦させていただきました。

司会：ありがとうございます。では続いて倉方先生お願い致します。

倉方：僕は OSTR という太田さんと武井さんのユニットを推薦しました。サイトを見るとリノベーションが中心ですが、とても面白そうなことをやっているように感じたことと、関西の人を応援したいと思って推しました。今年は名古屋からの出展者が多かったですが、東京に一極集中しないことも選出理由のひとつです。

司会：はい。続いて芦澤先生お願い致します。

芦澤：僕は去年も推薦した TEAM クラプトンです。関西を拠点に設計施工で活動する、建築の枠組みを結構広げた活動をしている様子です。人を巻き込みながら DIY で建築をつくるといった側面も持ち少し軟派な感じもしますが、一度、展覧会をみて展示手法に興味をもちました。昨年はなぜ駄目だったんですかねぇ、谷尻さん。あんまり印象残ってないですかね？

一同：あはは（笑）。

谷尻：そうですね。

芦澤：だから今年も推してみようかなと思いました。

司会：では続いて五十嵐淳先生お願いします。

五十嵐淳：昨年、雲南省に行った時に、お会いした方です。スイスのメンドリシオに留学していた森さんが同じ大学で付き合い始めてそのまま結婚した奥さんと、上海で事務所を始めています。まだ 30 歳くらいで若いのですが、中国だからこそのプロジェクト・チャンスがある様子です。奥さんが中国人なので言葉には困らないし、これからいろんなプロジェクトを発表する機会が増えてくる人のように思っています。幾つかつくるうちに、上手になってくるんじゃないかなと思って推薦しました。アジアで活動をしていく上で、上海は重要な位置づけになってくると思います。そういうことも含めて推薦しました。

司会：ありがとうございます。続いて、平田先生お願い致します。

平田：オフィスコーストラインという中国人の人と一緒にやっている事務所の松下さんです。独特な感覚がありそうな感じがして推薦したいと思いました。少しインテリア的な気もするのですが、それが良い方向に出てくると良いですね。まだどれほどのものか、そこまで見えていないので、確認したいと思いました。

石上：僕は岸秀和くんです。あまり知らない方なので会って話してみたいなと思いました。なんか

シンパシーを感じました。

平沼：シンパシーを感じた！？（笑）。はい。僕は昨年、応募資料がダメだったので榮家さんをもう一度、推薦しました。

藤本：榮家さんの作品は、見てみたいですね。

平沼：そうですよね。言わずと知れた大西麻貴事務所の番頭さんです。きちんと資料を出してもらった上で、来年の審査委員長の吉村さんにみてもらいましょう。

司会：藤本先生お願い致します。

藤本：板坂留五さんです。ネットで調べると結構、謎めいているのです。

平沼：昨年、吉村さんが選出されていましたね。

藤本：あ、吉村さんが選んでいたなら良いですね。

平田：青木淳さん絶賛の芸大卒生です。

藤本：それはもう絶対見てみたいですね（笑）。

一同：あはは（笑）。

平田：そう。謎なんです。周りの風景にあるような要素を、ある種ポストモダン的なんだけど、それとは少し違う雰囲気で表現するのです。

石上：名前を聞いたことあります。四国あたりに建築をつくっていますよね。

平田：淡路島か、小豆島ですよね。

藤本：建物はただの小屋みたいなやつですよね。半麦ハットでしょうか？

五十嵐淳：西澤徹夫が実施設計を手伝っていたようですが、でも面白そうですよね。

平田：サポート体制抜群の様子です。でもそんなにすごい奴なのかと興味があります。

藤本：よし、是非！

平田：藤本っぽくないですよね。

倉方：意外性が良いのでしょう。

藤本：山田がおススメしているから良いかなと思って（笑）。

一同：（笑）

平沼：推薦枠から2、3組、公募枠から2、3組、今年は金賞と伊東賞からのシード枠から2組。一昨年と同じ選出数ということで審査委員長の吉村さんに選出してもらいましょう。

吉村：はい。どうぞよろしくお願い致します。

── 昨年の 10 会議にて、建築への興味をこれからの若い世代に示そうと、各先生方による展覧会会場でのイブニング・レクチャーを本年より導入いただきました。本来の目的は、大阪駅前という地方都市を代表する駅前での開催を継続するため、動員数を増やすことではじめたのですが、この情勢でリアル入場には制限がありましたため、リアルとリモートを併用することとし、昨日、藤本先生から開始しましたレクチャーは大きな効果がありました。また、関西を中心に地元高校生や専門学校生など、10 代の参加が半数を超えました。建築を目指す後進の方に向けて、3 部作での開催を予定させていただいております。本年のタイトルとしては、「日本を代表し世界で活躍を始めた建築家・史家たちが独立までの前夜、建築を目指したルーツが明かされる 3 部作第一弾！（少年〜学生期編）」と題しています。つまり来年は、学生期〜独立期までを語っていただくようなシリーズですが、皆さまのご意見をお聞かせください。

藤本：昨日僕は、第一弾どころか、全てを話してしまって、ダイジェスト版になっちゃった（笑）。

司会：今年は、少年期から学生期までの内容で、約 90 分（実質 75 分）お話しいただくようにお願いしていました。

藤本：少年時代の話だなんて、忘れちゃっているから写真がなくて（笑）。

平沼：（笑）まぁそうですよね。理由として本展はこれまで、自主的に見に来る建築を学ぶ大学生ばかりでなく、関西一円の高校生や高専を中心に、専門学生らの授業の一環としても役立ててもらえており、普通科の高校生には建築というわかりづらい職能の取り組み、また工業高校生には教科書に副う建築教育だけではなく、設計・施工のプロセスという実践を経験する「体験型の建築教育の現場」のように捉えてくれていました。今年はこの情勢から、昨日の藤本さんのレクチャーでは、親がリモートで聞いていて、それを小学生や中学生の子が一緒に聞いていたというケースもあったと聞きましたが、つまり学生＝大学生ばかりでなく、恐らく高校生以上の学生が聞いていてくれるので、U35＝35 歳までのスライドを準備する中で、小さい頃からのスライドを準備してくださった方もいたため、それだったら 3 本に割っておいてというお願いをしたんです。建築に興味を持ちはじめた学生からするとスターな訳ですが、僕らの年齢が高くなりはじめたこともあって、圧倒的な設計の実力の差を見せつけてしまうのではなく、どちらからというと苦節の学生時代、それほど順調な人生プロセスで今があるわけではないということを、柔軟に話してあげてください。

藤本：それぞれで柔軟にという感じでよいですよね。

平沼：はい。特にこの開催地・関西はものづくり文化が栄えたおかげでワーカーたちの台所のように食文化が発達した地域だとも聞きます。今年のこの情勢は、関東や他の地域に比べて、生活に大きな影響を受けた親を持つ学生が多いようにも聞きました。また、その親世代の層は、大学へ進学をさせるより、技術高校に進学させて手に職をつけさせようとした親世代からの影響が大きかったようです。大学生でも、来春には学校をやめなくてはならない学生もいるように聞きますが、本展に出展をされる U35 の若手建築家の応援ばかりでなく、それぞれの方が後進で建築を目指す若い子たちへ向けて、夢や希望を抱くようなレクチャーを聞かせてあげてほしいと願いました！

一同：わかりました！

平沼：院生・大学生たちは 10 年後でしょうが、もしかすると 20 年後、U-35 に出てくる人たちがいるかもしれません。建築界は建築に興味をもつ若い世代を応援するような分野になるよう、この先にやってくる輝く時代に向けて、可能性を示してあげてください。

U-35 2021 開催期間　展覧会会場 イブニング・レクチャー＜予定＞
（10 月）
15 日（金）藤本壮介（ふじもとそうすけ）
16 日（土）●シンポジウム I A50 10 名の建築家・史家
17 日（日）五十嵐淳　（いがらし・じゅん）
18 日（月）平田晃久　（ひらた・あきひさ）
19 日（火）谷尻誠　　（たにじり・まこと）
20 日（水）倉方俊輔　（くらかた・しゅんすけ）
21 日（木）吉村靖孝　（よしむら・やすたか）
22 日（金）五十嵐太郎（いがらし・たろう）
24 日（日）石上純也　（いしがみ・じゅんや）
25 日（月）芦澤竜一　（あしざわ・りゅういち）
　　　　　　平沼孝啓　（ひらぬま・こうき）

　　――――　ありがとうございます。本展のような建築展を継続的に取り組む意図のひとつとして、今後の建築展の在り方を追求すべく、実験的に取り組んでいきたいと思います。一昨年、総入館者数50万人を超えた「建築の日本展」に関わられた倉方先生、「インビジブルアーキテクチャー展」に関わられた五十嵐太郎先生より、どのような建築展の在り方を模索していけば良いかお話しいただけないでしょうか。

倉方：今年は特にイベントが中々開催できなかった中で、あらためて U-35 展は今日も会場が人と作品で埋め尽くされ、来場者が相当多かったように感じました。やはりこういうことを継続的に行うことが大切であり、社会的にも非常に大事な展覧会として育ち始めたように思います。展示内容も目でしっかり見られる模型があるとか、細かくてもモノがしっかりあるとか。一昨年、昨年と段々展覧会自体の力が増している時期ということと、相対的に社会的な力を持った原寸の台頭、実物の貴重さというのが価値が増しているので、その 2 つの掛け算で多くの人たちが来るべき展覧会に今年はようやく成ったんだなぁと実感していました。

司会：ありがとうございます。それでは五十嵐太郎先生お願いします。

五十嵐太郎：展示はこれまでと同じようにモックアップがあったり模型があったりと、表現手法自体に変わりがなかったですし、建築展そのものの新たな展示手法にも、来年期待をしたいです。最近、自分が監修した、日本橋の建築を紹介する「装飾をひもとく」展（高島屋史料館 TOKYO）で周りの建築マップを配りましたが、とても喜ばれています。会場を出てから、建築めぐりを実際にできるからです。U-35 展に来る人は、建築好きな人だと思いますので、大阪駅周辺のおすすめの建

築マップを貰えると、梅田周辺で徒歩圏の建築を体験して帰っていただけると思います。イケフェスでいっぱい蓄積があるわけだから、この辺りの周辺データを貰い、相乗効果を考えていくのもいいですね。

司会：ありがとうございます。展覧会を観に来るというひとつだけの理由だけではなく、スカイビルも含めた周辺の建築巡りと合わせて足を運んでもらえる工夫も必要です。他にも何か、建築展についてのご意見をお聞かせいただけないでしょうか。

吉村：出展者の展示エリアの配置は、いつも誰が決めているのでしょうか。

司会：出展者に希望書を出していただいて、被ったら双方の方に相談して決めていただいています。

吉村：そうでしたか。昨年も一番最後が外国枠だったから、少し気になりました。

五十嵐太郎：なんとなくですが、並びが似ていますよね。

吉村：最後でクイッて、捻られるみたいな感じが似ていると思ったのです。

五十嵐太郎：コーナーに元気な女性建築家がいたりするのも似ているなぁと思いました。

一同：（笑）

平沼：もう一歩、建築展全体に意味を持たせるなら、当年の審査委員長を務め選出した建築家史家が、各出展作品をみて各出展者と調整をしながらキュレーションする。もちろんそこには太郎さんや倉方さんに監修に入ってもらいながら、文字や映像を残して展示していくというようなことに、既に気づいておられると思いますので、それは数年先、今後審査委員長が 2 巡目の時期あたりで、この展覧会の市場成熟度を見ながらこの 10 会議で相談させてください。

　　　　　最後になりましたが、引き続き今年の応募条件をこのまま、独立した U35（35 歳以下）の提案を募ります。そしてこれから応募をしてくる若手へ、この 10 会議の兄貴分の五十嵐淳様よりアドバイスをいただけないでしょうか。

五十嵐淳：シンポジウムの出展者発表を受けて、物足りなさみたいなものを率直にまとめ最後に発言させていただきました。それぞれの建築家がもつ「作家性」というものには、いくつかの意味がありますよね。つくっていても、まだつくっていなくても良いのですが、図面や建築を見ただけで、その人を表す個性みたいなものがあると、やっぱりこちらもワクワクするし、ないと物足りなさをどうしても感じちゃう。それで、ついついあのような発言をしてしまいます（笑）。でもそれは仲間になって欲しいからです。建築を創る者たち同士、仲間意識を持ちたいんです。まぁ、ここにいる貴方たちは、それぞれ他にはない、強烈な個性があるじゃないですか！（笑）

一同：アハハ（笑）。

五十嵐淳：そういう強いキャラクターみたいなものは、世代とか時代とか社会とかでは語れないと思うのです。それを感じたい、発見したいというのがここに10年以上も通う大きな理由です。ここにいるような、そういう建築家と出会いたいですね。

―――― 皆さま本日は、展覧会会場での視察にはじまり、4 時間余りのシンポジウムの後、10会議までご出席いただき、貴重なご意見をいただけて深く感謝をしております。最後となりましたが、来年のシンポジウムは、2021年10月16日土曜日と決定しております。12年目の開催もどうかよろしくお願いいたします。本日は、誠にありがとうございました。

2020 年 10 月 17 日
U-35 シンポジウム会場 上階・ナレッジシアター・リハーサル室 にて

U-35 2020シンポジウム会場の様子

U-35 2020シンポジウム会場の様子

—— 2013 年、本展 4 度目の開催から五十嵐淳や五十嵐太郎らと共に、毎年、出展者と議論を交わすため一度も欠かすことなく大阪に駆けつける吉村靖孝は、展覧会やシンポジウムも含めた議論の場で放つ的確なクリティークから、本展のプログラムを共に手探りで見直しを重ねる中心的な存在となり、継続的に併走し、自薦・公募との併用とする現在の応募形式への道筋をつけた、本展には欠かせない唯一無二の存在である。

結果として、これまでの開催の中で一番多くの出展者を輩出することになった吉村事務所門下生たちを、どのように見てどのように思うのか、また本年、出展者の公募（自薦・他薦）選考を担う審査委員長を務める吉村が、今、あらためて本展を通じた建築展のあり方についてどのようなことを思い、どのような方向へ進めることを望んでいるのかを、平沼が聞き手となり対談方式で考察するのと共に、本年の応募が締め切られた応募資料の審査・選考の過程を収録する。

吉村靖孝（よしむら やすたか）建築家

1972 年 愛知生まれ。早稲田大学大学院修士課程修了後、MVRDV 勤務。05 年吉村靖孝建築設計事務所設立。現在、早稲田大学教授。主な受賞に吉岡賞、アジアデザイン賞金賞など国内外で多くの賞を受賞する。

平沼孝啓（ひらぬま こうき）建築家

1971 年 大阪生まれ。ロンドンの AA スクールで建築を学び、99 年平沼孝啓建築研究所設立。08 年「東京大学くうかん実験棟」でグランドデザイン国際建築賞、18 年「建築の展覧会」で日本建築学会教育賞。

平沼：吉村さん、おジャマしまーす！

吉村：どうぞ、どうぞ、平沼さん！日曜日の朝には事務局から応募資料が自宅に届いたので、それからずっと見ていたのですが、これは相当、むずかしい・・・まだ決めていないのですよ（笑）。

平沼：同一敷地に設計提案をするようなコンペの審査ではなく、過去の作品や展示提案の提出はあるものの、結局、建築家として期待が持てる人を人が選ぶという作業は、毎年、本当に迷いますし本当に辛いものです。でも同じ分野の先輩たちの誰かがやらないといけなくて、毎年、1 人の建築家・史家が持ち回りで審査委員長を務めていただいています。

吉村：資料を読み込んでいくと、応募者の質が相当上がっていて、明らかに力不足なんて人はいないわけです。応募数も相当あるし、どんな基準で選出するのか迷いますね。

平沼：あらためて今日はよろしくお願いします。

吉村：こちらこそ、よろしくお願いします。しかし、難しいですね。雑誌などで作品をすでに知っている世代の人たちではない。だからこの応募資料だけで判断することになるのですが、テキストが結構少なかったり、作品が写真だけだったり、深読み・読み込むのが難しいものもあります。そういう意味で情報がちょっと少ないように思います。

平沼：できるだけ応募し易いように、応募者に負担のないケーススタディで進めています。応募資料は多いケースと少ないケースそれぞれに良し悪しがありますね。

吉村：そうですね。多くても読み込みのが大変ですし、見る側もわからなくなる。

平沼：これで良いのかどうかは、また今年最後の10会議の議題にしたいなぁと思っています。

吉村：今の応募フォーマットは展示のアイデアをあらかじめ求めているのが特徴で、参加者にとってもどの作品を見せるのか事前に焦点を絞ることができて良いと思いますが、審査する側も会場のイメージができるからすごく良いです。でも、この作品が良いと思って評価して、後から展示アイデアを見ると、違う作品を展示しようとしていたり、これを展示するの？と思うことがあって（笑）。

平沼：実際につくられた建築と、建築展で展示されるものが乖離している部分というのは今までも多く見受けられます。昨年の審査委員長の谷尻さんは、過去につくった建築は竣工してから時間が経っているんだから、その経過を表現してみれば？と仰っていました。

吉村：それは会場構成みたいなことですか？

平沼：そうですね。ハードとしての構成ではなく、ソフトを一度くらいはアドバイスした方がいいかなと思います。

吉村：確かにそうですね。出展作を選ぶ段階からエスキスして、アドバイスしてあげることですね。

平沼：ヴェネチア・ビエンナーレ・日本館方式でキュレーターを公募するのも面白いですが、現時点では、出展者責任の中でやってもらうのが良いのではないかと思います。ただ今年は、4月2日の出展者説明会に吉村さんが来てくださることになっていて、そこには倉方さん、平田さん、そし

て藤本さんも集まります。いよいよ真価を問うような開催を目指して行けそうですが、その座談会の後で、展示計画を一人一人発表し、アドバイスする時間を 10 〜 15 分だけでも設けてあげるとグッと変わるかもしれません。

吉村：なるほど。これまでの展示を観ていると、確かにつくっている作品と展示がちょっと違うのですよね。作品は良いはずだけれど、展示がこれかみたいなものが結構あるし、逆に展示が良くて大化けする作品もあります。応募者は、応募段階ではそれほど詰めてスケッチしていないように思うのですが、それでも建築展として成立させるためここを見ざるを得ない。応募資料の中でも力を入れてほしい部分ですね。

平沼：さて今回の選考基準。どのような基準を持って選出されようと思っていかれたのか、今、選考中の中間プロセスのようなお話を伺いながら、最終的に決定してほしいと思っています。

吉村：僕は審査を始める段階で、強い基準を持って見始めたわけではなくて、どちらかというとノーガードで直感にしたがって、とりあえず記載全てに目を通すことから始めました。その後で、大学教員として普段通りの慣れている採点と似ている感覚で点数つけて（笑）。

平沼：日常の習慣で取り組む方が差異を感じ易くなるというのか、微妙な研ぎ澄まされた感覚が冴えますものね。

吉村：そう。結果、点数の上の方を見て、点数順に並べ、入れ替えたりしていました。そして 2 番目のグループから上に持っていくか、下げようかというやり方ですね。それでだんだん分かってくることは、会場で話してみたいという価値が

生まれ、それが大きくなります。見ただけで終わるのなら会場に来てもらわなくてもよいというように、だんだん思うようになりました。

平沼：会って聞いてみたいと思わされる魅力は提案書に刻まれていますよね。

吉村：もちろんこの資料が魅力的であることが大前提ですが、少し読み取り切れないものでも共感できることがあります。「人を選ぶ」この選考では、「作品の力」プラス、直接の話を聞いてみたいと思わせる何かが必要です。選考に際して気をつけようと思ったことは、若い世代ゆえの仕事の種類や規模のバラツキです。結構、大きな街づくりをやっている人もいるし、ごく微細な内装スケールの小さな差異の空間表現をやっている人もいます。でも仕事が小さいからと言って取り上げないということはしたくないと意識しました。『その領域の解像度を高めていて読み取りたいと思わせる』が選考基準でしょうか。なかなか難しい作業です。たとえば、内装だったら構造がなかったり、外と内の境界面に対する考え方があまり表現できない中で、その辺が不在のまま、どこまで評価して良いのかという難しさを心地よく感じながら作業を続けました。

平沼：平等な選考を実現しようと定量的な選出をする上で、必要不可欠な基準を探る思考のプロセスが必要になるということ。その過程をお聞きできることが大きな収穫です。

吉村：例えばこの西原さんの提案は、内装・インテリアです。しかもこれは自宅でしょうか。内装といえば室内環境の表現に目がいきますが、彼の場合、コンセントやスイッチ類の設備をどうやってまとめるかという、ひたすら小さな事に焦点を向けながら、でもどうやって建築的な批評の土俵に上がるのかと戦略的に考えているような気がします。数名が同じく内装の仕事を提出していて実作品はどれもよくできていると思うのですが、これまで建築的操作の対象ではなかったような部分に光を当てている作品、つまり批評性を追い求めている方に魅力を感じます。展示物をクロワッサンでつくる提案をしていた方がいて、あの会場がクロワッサンの香りで満たされるのは・・・なかなか良さそうだなと思ったりもしましたが、展示としては面白くても、これが他の作品とどういう関連があるのかが分からなかったので取り上げにくいかな。ただ提案を共有して想像を膨らます作業を続ける中で、僕自身が持つ既成概念で、こういうのはインテリア的だと思って切り捨てることはしないような注意を払いました。

平沼：同じ計画地で競い合うコンペやプロポではないので、個性を発揮し想像を働かせてほしいで

すし、批評という解釈の面白さと、形質に結び付けた表現手法を評価する場にしてあげたいですね。

吉村：そうです。面白さがそれぞれにあるのです。仕事の種類や規模では評価したくないのですが、一方で最終的には仕事の種類が何であれ、それを建築が積み上げてきた歴史とか文化の文脈にどういう風に位置付けるのかというステイトメントが欲しくて、その評価軸で選出するようにします。でもステイトメントといっても言葉だけでは駄目で、やはり出てきた建築や空間において、「自分がデザインしたものによるステイトメントをどのように打ち立てているか」というところを評価したい。

平沼：場所性からどのような解釈を生み、批評性を講じてどんな形質の空間に結びつけたのかという声明みたいなところですよね。

吉村：文脈の接続先はそれぞれバラバラですからね。敷地のネイバーフットを考える人もいるし、効率性や経済効果、不動産価値を見出す文脈などもありますよね。色々なものを引き受ける人がいるのでどの文脈と接続するのかというステイトメントが欲しいです。ただ毎年の本展、U-35 に出展してくる皆さんは本当に面白い。

平沼：吉村さんが挑戦者側だったらどんな応募資料というかポートフォリオを放り込みますか？

吉村：そうですね、難しいですが、やはり自分がやりたいことが何なのかということが分かる資料ですね。建築家としての自分の役割は何なのかというところ。複数出す場合でもそれを、一本筋を通して語りたい。

平沼：つまり応募資料は、自分への問い合わせの機会にしていくってことですね。

吉村：そうだと思います。通るか通らないかは別として、応募する事はやはり自分のことを知る機会です。これに向き合うんだということを掘り下げたり、覚悟をもったりする良い機会ですよね。

平沼：今回、結果が駄目だったからといって、諦めることはないということですね。

吉村：それはもう、本当にそうです。審査委員長によってセレクトの視点が全然違うと思います。出展者の公募・書類選考で落ちたけれど、次の年、選出されてゴールドメダルを獲るパターンが何度かありましたね。すごい法則です。1度出して落ちることはこの選考ではむしろ歓迎すべき現象になっていますね。

平沼：そうですね。あと1点。今、指名枠がありますが、公募だけの時と比べて、このプログラムって良くなっているように感じますか？

吉村：確かに見応えがあります。この推薦枠で出てくる人たちが全く出してこなかったら、印象は大分違うと思います。ただ、名前が挙がった人は若干不利なのかなと思ったりします。

平沼：逆に？猛者たちの枠からの限定数より、公募枠でスカッとズバ抜けた方が採択される可能性が高い？

吉村：そうそう。ここから3人選びますよね。

平沼：はい。そういう割合ですよね。

吉村：9分の3。それ以外の人達から3、4を選ぶのに比べると、推薦枠はやはり手練れた人達なので、結構大変だなと思います。

平沼：なるほど。でも昨年は一応3から4、もしくは5でもよいということで、審査員に委ねています。逆に倉方さんが審査を務められた際は、知らない人を発見する、と言われて、知名度が高くやっていることを知っている人よりも、知らない人を選びたいという意向で、公募からの選出者が大半を占めました。

吉村：なるほど。確かにそうでしたね。

平沼：昨年の谷尻さんは、逆に実力者を軸に、可能性が高く評価軸のある人たちを選出されたように思います。では一番気になる方からお話をお聞かせください。

吉村：順不同で、奈良さん。彼は金沢にいて陶芸と建築をテーマに、土で建築を造る事をしています。陶芸というより本人がやっていることはかなり造形的な操作を探っていたりして、縄文土器を現代に焼き直すような文脈をもつ形質に挑もうとしています。僕は話を聞いてみたいです。先ほどステイトメントという言い方をしましたが、それに加えてやはり、建築家はオリジナリティ。他に似ていない事がとても大切だと感じています。最近こういう人を見ないというか、実際に自分で手を動かして土をこねながら、一方で早稲田の輿石研究室と一緒に土の研究をしながら造っていて、面白い広がりを持っていきそうだなと思います。

平沼：なるほど。今も石川県金沢で活動されているのですか？

吉村：そうですね、石川県ですね。なんて言うのでしょうか。クラフト的というか身体的な建築というか、手仕事の建築文脈であるけれど、一方ですごく幾何学的で繊細な表現をしていたりして、とても興味を惹かれます。

平沼：人口的な作用から仕事量もある分、設計事務所の数に比例して東京勢が多くなるのは仕方のないことですが、地域的な土壌の特性を生かした手法で不安にならず、他者との競合を気にせず自分に向き合う姿勢に好感が持てます。次はいかがでしょうか。

吉村：次は俗にいう海外勢から鈴木さん。今年谷尻さんが推薦された、ロッテルダムの OMA にいた方ですね。彼はビジネスホテルの新しいモデルをつくろうとしていて、デザインは割と端正にまとめられているものの、ベッドのためのスペースとそれ以外のパーソナルな仕事場みたいなものが館内全体に散らばっているような提案をされています。短冊上に部屋が並んでいるホテルのモデルをアップデートしようと思ったら結構大変な事だと思うのですが、かなり挑戦的な姿勢が垣間見えました。この共有スペースを意地でもつくり出そうとする辺りが、結果的にコロナ以降の人との繋がり方に対して意味を持ちそうな気がしました。外部との繋がりを持った小さなスペースが、階段上にずっと繋がっていくんです。実現までにはかなりハードルがあると思いますが、都市的なことを考えている人がほかにあまり居なかったこともあるので、選出候補者に入れました。そして板坂さん。彼女は昨年、僕が推薦して落ちてしまいました。

平沼：そんな巡り合わせですか（笑）。

吉村：彼女は伝統工芸とか都市とか前の二人みたいなそういう大きな文脈を揺さぶるというよりは、敷地の周辺にあるものやことと建築がどういう関係を結びながら、それらを生かしていくのかということを考えていますね。でも、材料を入れ替えたりとか、パーツを少しだけ大きくしたりとか、そういう小さな変更を重ねていくとどこかで臨界点を越えて作品に仕上がっていくという感じ。一度、建築学会の建築雑誌の原稿を書いてもらったこともあるのですが、彼女は不思議な多視点パースを描いて、見る主体さえも分解されて部品として組み込まれるような、図面の表現も魅力的だと思います。作品とドローイングが互いに高め合っていると思うんです。同時に存在する複数の視点をひとつの空間に折りたたむような表現が面白い。

平沼：僕は昨年、吉村さんが指名に挙げられたことで知ったのですが、自由な発想を自己の成り立ちから探るような感覚があって、これまでとは全く違うタイプの建築家になっていくような期待を持っています。

吉村：突然ですが、本展会場の巡回経路の最後に現れる、何となくいつもの外国人枠がありますよ

ね。最後に突如現れるあの感じに合うなと思ったのですがいました。このユニットの彼らは国内と少しモードが違うというのか、見ているものが違うような気がしました。彼らと比べると日本の建築の若手って、面白い部分もあるけどやや内向きに見えます。日本固有の文脈に依存しすぎている気がする。微妙な差異でも僕らは見分けられるけれど、そうではない異質な持ち味の方が一つくらい入っていて欲しい思いもあります。でも、提出資料に掲載されている画像が、完成予想図なのか、竣工しているのか判断がつかないですね。CGならいくらなんでもリアルすぎる。逆に竣工写真なら無機質すぎる。とても上手なんだけど、そういった表現が何を意図しているのか、もう少し言葉で丁寧に説明してくれても良い気がしますね。その努力がオリジナリティにつながっていくと思う。そういう意味で今回は一歩及ばず。日本人と中国人のユニット、アトリエモッズさんを補欠として挙げておきます。

平沼：外観から工事を完成させ、内観はこれからリノベする利用完成予想図のようにも見えるし、この敷地は工事中のような感じもします。

吉村：もうひとつ、これは公募枠で応募された畠山さんと吉野さん。アーキペラゴアーキテクツスタジオ、二人組のユニットです。出身アトリエが、増田大坪〜長谷川豪。

平沼：過酷なところで鍛えられましたね（笑）。

吉村：アハハ〜（笑）、ホント、ホント。この二つの建築家の影響を色濃く感じるものではあるけれど、

彼らの展示提案が何より面白そうだなと思いました。スパイラル上の階段の一部で、ここのポスト柱二本が 40 角。

平沼：攻めていますね、登れない階段ですかね？

吉村：本番は登れるようにしてくれることに期待をしています。でもすごく華奢でありながら、ささら板を全体構造にも利用したり、工学的な探求によって切れ味鋭いファンタジーを生み出している感じがします。

平沼：タイポロジーとしての構造のアイデアに支えられるように、ポエティカルのようでありながら階段の機能を満たしています。

吉村：そう、詩的な感じもありますが、一方ですごく構造的・構法的に建築のつくり方を試されていることに興味を持ちました。

平沼：おもしろいですね。増田大坪さんは、いつも「いや一ダメです。竣工が難しいんです」と何度ももうどうなるか分からないと言いながら、物を着地させてきますね。

吉村：アハハ（笑）。増田さんのキャラクターですね。

平沼：誰も気づかないような良い部分を見つけたり、誰も取り組まなかったり既視感のないものに興味を持ちますが、最近、時代でしょうかね？いや、年齢でしょう。段々とそれを状況背景と共に話せてしまう知見と言語能力が口先に備わってきて、説得しようとする癖が嫌だなと思います（笑）。その一方で吉村さんのような方が、どのように見てどのように選出者らを組み立てていくのか、僕には気づかない部分を無防備に生で感じたいのです。いわばワクワクしながら、それを学ぶためにこの場に来ています。

吉村：さすがですね。でもそう言われちゃうとまた緊張感が増しますね（笑）。僕が次に気になっているのは、宮城島さんです。

平沼：宮城島さんも過去に応募されていたような気がします。

吉村：そうなのですね。プロジェクトも凄く面白いのですが、いきなり 4 つぐらい点在型の提案をしていて、それを建てていく様子レポートされているんです。どのような経緯でこのような仕事が依頼されたのか背景を聞いてみたい気がするものの、依頼の特殊さだけだと少し物足りない感じもする。農と建築を繋ごうとしている様でもあり、他のものは商業、もしくは道の駅っぽかったり、関連がまだ僕にはよくわからない。

平沼：なるほど。適切かどうかわかりませんが、ワークショップ型で建築をつくっている感じですか？そうでもないのかな。

吉村：どうでしょう。農、本、人を繋いで地域経済を育む。建築は垂木で関連性をもたせる・・・。建物のデザインが勝負所ではないのかな。

平沼：応募者の年齢のことも悩む要素になりますね。

吉村：確かにそうですね。35 歳だともう次は出せないのですね。この二人は 35 歳・・・。石上事務所のビオトープ・水庭チームだったようです。この方は平沼さん推薦ですか？

平沼：大西さんのところに長年おられた o+h の番頭、榮家志保さんですね。2013 年出展者だった岩瀬さんに一昨年、そろそろ独立されると教えてもらって、昨年、推薦にあげたのですが、この

U-35 には、絶対に通りたいって言ってくれていたそうです。

吉村：この展覧会を大切に思う、そういう意欲的な人は拾ってあげたいなぁ・・・。良いと思っているのですが、展示計画がまだよく分からないですね。

平沼：そうなのです。彼女だけでなく、応募を求める資料のひとつに展示計画書があるのですが、人によっては前年の開催に訪れリサーチされたり、これまでの開催を探られたり、具体的な計画をこの時点で提出される方がいる一方で、エリアも決まっていないからか、選考を通過してから考えようとされる方もいる様子です。選考をする上で、できれば彼女は、もうちょっとホンキでモリモリとその意欲を具体的に示してほしかったな。

吉村：この出展作はとても魅力的で、空間を即興的に改変したようなおおらかな空気感、留まっているものと入れ替わっていくものの絶妙な関係で、空間の揺らぎのようなものを表現したいという雰囲気が伝わります。でもこの写真をみると実際に出来ている建築は、そこまで至っていないような気がするのです。いやもしかしたらそういうのが出来ていて、この竣工写真だけが良くない場合もある。うーん。興味はあるのですが、提案書は今ひとつ。クロワッサンで展示をされようとした方も面白そうなのだけど、プロジェクト本体があっけらかんとしすぎかな。また太田さんと武井さんは、自分たちのオフィスの中に通り庭を作って、奥に繋ぐこの実践力がとても良い。でもこういうやり方と、新築でやった時の真っ白な建築がどう関係しているのかがまだよく分からない。倉方さん推薦なんです

ね。京都工繊、芝浦工大、Y-GSA・・・この人どこかで見た事があるな。そうするとこの 3 人か。10 年以上になる開催を経て、知見を蓄えそろそろ建築界の基軸となってきたと言えるでしょう。若手といえども建築界全体のこととして発信しないといけない時代というか、そういう一線を越えましたね。そう聞くと、小さいんだけど学生の提案とはまったく違ってすごくプロっぽい、この案が改めて面白い。設計操作として最小限ですが、システム的だったり、設備的だったり、小さいながらも「かた」の提案であって、設備を建築として再発見するみたいなことなので興味あります。

平沼：では、西原さんを選出されますか。

吉村：そうですね、35 歳でもありますしそうしましょう。そうすると宮城島対榮家かな。もしくは佐々木さんを挙げましたがどうしましょう。平沼さん、設計上手な人を挙げ過ぎでしょうか？

平沼：あはは（笑）。上手に越したことないと思いますが、その基準は吉村さん判断でお願いします！

吉村：うーん。そろそろ見えはじめてきました。この人たちがまだ分からないかな。とても上手だと思うのですが、上手なだけかもしれないです。

平沼：モッズさんですね。本展開催でのキャラとしては存在感があります。

吉村：アハハ（笑）。全体のバランスをとる役割と言ったら怒られちゃいますが。でもこの世代の広がりみたいなのを示す意味ではいいですね。そういう見方をすると、榮家さんと、板坂さんは、両藝大出身ということからか、少し似た空気感があって損してるのですよね。

平沼：3 年前に横国出身者が 3 組出展された年がありましたね。トリオの 403、そして冨永さんと中川さん。確かにその年ごとに、工学系が強い年と芸大系が強い年に分かれている気がします。開催をはじめた頃は、大西さんの影響からか、京大、東大系の国立大系の出展者が多く、その後に海外勢が中心となりながら、武蔵美・多摩美を含めた藝大系となり、秋吉さんや服部さんの慶應メディア政策メディアのキャラが立ち、あとはツバメたちの東工大、また京都工繊大、九大、そして早稲田などでしょう。もちろん結果としての傾向があるだけで、選考ではそのことをあまり意識していないですしね。卒業後向かわれたアトリエでの建築家の影響や海外での活動、それぞれに個性があるんじゃないかなと僕は思っています。

吉村：宮城島さんは、まだ謎が多い。謎の増築プロジェクトに迷いがある。でもここに小さく沢山書いてある環境の言葉がどれも面白い。環境の重さと物の重さ、揺れ動くスケール。2 本柱で、スラブと屋根を持ち上げている不思議な増築部分。一見すると、あっけらかんとしているっていうか、開放性が高そうなんですが、読み込んで行くと、東工大っぽいというか。

平沼：アハハ、確かに迷うのも分かります。

吉村：ホントにそうですね。ひとつ平沼さんに聞かせてください。榮家さんの推しは何ですか。

平沼：いやだなぁ（笑）、でも参考にならないし参考にしないでくださいね。そもそも若いころから
とても良くできた大西さんに就いて、長年、番頭として務めてきた経緯に興味を持っただけです。
建築への考え方もそうでしょうが、大西さんの人としての所作が素晴らしい反面、それに影響を受
けたのか背いたのか、悪い言い方をすると番頭としての業務時間が長い故、No.2 としての役割に徹
してしまい批評性よりも効率やまとめること、調整に費やす時間の影響がどう作用しているのだろ
うと思いました。僕は運よく彼女の作品を 1 度も見たことがないこともあって、その判断がつかな
いままです。でも、この住宅の平面計画を見ると、面白いことをやろうとする意志が伝わる一方で、
ただの竣工写真になっている。その平面操作が上手く立体的に有効化されてないというか、空間か
らの状態が抑揚していってない。これまでの建築評価軸をもち、この時点で大西さんと比べてしま
うとヘタな訳です（笑）。でも大西さんのところでやってきた功績とは別の何かを探ろうとして、ロ
ジックを探したいなと模索しようとする冒険心のような実直な取り組み方が、僕は単純に好きです。
求めようとする彼女独特のロジックが、まだ安全装置が働いてトリッキーな操作で表現するものに
はなってきていないようですが、別の何かを生み出しそうかなという期待をしています。

吉村：なるほど。この辺のリサーチというかフィールドワークなどの観察と実験的な部分はかなり
面白そうなんですが、平沼さんのご指摘どおり、最後できたのはまだ、リサーチの水準に達してい

ないように見える。

平沼：番頭を長年務めた経緯に考慮して見つめてみると、クライアントと作家の間で、まとめ上げる力が付いてしまっているのでしょう。作家がいるとまだダメだ、と言われる危険領域の解決策という提示ができる可能性をもつ自分が、その作家の立場だと、ある所の域でまとめてしまう力が効いてしまうのかな、と竣工写真から読み取れます。もちろんクライアントを満足させることへの仕事であるのは熟知されているものの、竣工後のことも含めて、この先に、新たな価値や豊かさを生みだしたのかを問う機会があるといいですね。それが建築写真を見る限り、物足りなさをニュアンスで伝えているのは否めないです。

吉村：うーん、その解説が適切すぎて、さすがに悩ませますね（笑）。それにしても悩むなぁ。展示もわりと地味でして、彼女自身がどう語るのかまだよくわかりません。

平沼：ノーマルな提示で吉村さん試されているのかもしれませんよ（笑）。そして本展に来場される方とのコンタクトはやはり展示です。その時に、サラッと地味にやった展示は素通りされて行きますので、その状況を出展者は知る訳ですよね。

吉村：確かにそうですね。こちらのこの彼は、この精度であの会場を改装するぐらいのとこをやって欲しいですよね（笑）。

平沼：（笑）アハハ。そうなのです。20 ㎡足らずのエリアをこの精度の原寸でつくるくらいの展示を見込めるんだったら、体験したいと素直に思います。昨年は特に、多くの建築学生が注目をしていました。大学の傾向で行くとどうですか？

吉村：東大、京大、東工大、藝大、藝大、藝大、武蔵美か。芸大系が強い結果になりましたね。

平沼：今までは結局、横国が強かった印象がありますが、早稲田はどうですか？

吉村：横国出身者の応募が多いし強い印象がありますね。でもホント早稲田は少ない（笑）。

平沼：それでは、この 7 組で確定します。奈良さん、畠山さん＋吉野さん、板坂さん、西原さん、

榮家さん、宮城島さん、鈴木さん、の7組。

吉村：はい。でも今年は選出されなかった人の中にもとても上手な人がいます。しかし僕はどちらかと言えば、今のところ上手であることはあまり問うていなくて、最終的に選んだ建築家はどちらかと言えば粗削りな傾向があるかもしれない。でも上手なことは基本的に良いことです。展覧会というか、シンポジウムの時のバラエティから、粗削り側に振れた感じがあるので、そこはあんまり気になさらないで、来年、応募してくれれば大丈夫だと思います。

平沼：では選出された7組の方に展覧会に向けた期待のメッセージを残してあげてください。

吉村：そうですね。正直、まだ展示計画を承認したわけではないので、ぜひブラッシュアップして欲しいなと思います。会場に来た人に、建築ってそのものを展示するわけにはなかなかいかないので、どうやってその建築を表現するかという部分、そこに発見が欲しいです。会場に展示するもの、そのものが建築に見えるようなものだと良いなと思います。

平沼：建築展ですから。

吉村：そうです。何をもって建築というかという定義にもちろん依存しますが、単にスケールが大きい模型なら良いということでもないと思います。経験として、良い場所に来たなと思って見て帰ってもらえるような展示が良いと思っています。

平沼：なるほど。説明的になりすぎると観覧者の人たちも共有ができないし、皆原寸で作るだけの体力があるかどうかということもありますしね。

吉村：開催場所がもの凄く良いですよね。大阪駅の目の前だなんて、普通に建築の関係者だけが来るわけではないので、その事も意識しながら建築展を背負ったつもりでがんばってほしいです。U-35 2021の出展者として記録の1ページを刻むのですが、「あの場所で」やるとなると、建築界全体を代表した展示として考えて欲しい。建築界の人たちは、このくらいのことをやっているのだと思えるような、閉じた感じに見えないように工夫して欲しいと思います。

平沼：昨年のシンポジウムからまだ4カ月しか経っていないですが、昨年の様子を振り返るコメン

トを残してください。シンポジウムや 10 会議も含めて、この情勢の中行った展覧会はどうでしたか。
吉村：これは AAF の活動全般に言えることですが、このコロナ禍でなかなか遠出できない環境の中、よくこの大阪駅前でも、東大寺でも開催できたなと感心しています。

平沼：偶然の賜物に感謝しています。誰が何かを決められる状況でもない情勢の中、本当に時期に恵まれました。でも今まで継続してきた中で、バトンを一度も落とさず継いできたことが、伊東さんを含めたファウンダーの人たちから、「まあ、何とかやりましょう」という感覚や応援のお言葉をいただけたことが大きかったです。それが僕たちの励みになって、「ま、やるよね？」という意識をみんなで共有していました。ひとつだけ、自慢話を言いますと、毎年すこしずつ来場者が増えてきて、実はこのコロナ渦だったのにも関わらず昨年の来場者数が、これまでで一番、多かったのです。

吉村：えっ、そうなんですか？（笑）

平沼：皆さん行くところがなかったのでしょうか？ 9000 人くらいになりました。

吉村：本当に凄いことですね。

平沼：多くの関係者の方たちから一昨年に、来場者 1 万人目指せとの注文があって始めた、吉村さんを含めた毎日の連続レクチャーのおかげで、リモートでたくさんの方が見てくれました。それと開催

の前後で SNS を中心に若い人たちが興味を持ってくれたおかげで、毎年通りの 1.1 倍になりました！

吉村：素晴らしいです。そうすると今年は、9900 名という大台目前を目指せそうですね。

平沼：コロナ時代なのに素晴らしいことですが、正しく適切に備えたいと思います。

吉村：でも審査する、されるという違いはありますが、皆さんであの会場を盛り上げようという清々しい空気がありましたよね。それがとても良かったなと思いました。壇上で五十嵐淳さんと秋吉浩気さんがバトルしていましたけど、その後の控室で、五十嵐さんがいきなり北海道組の審査に彼を誘っていて良い光景だなと思いました。

平沼：そうだったんですね。このインタビューは 4 年前五十嵐太郎さんが審査員を務めた後の 10 会議の議論の結果を受けて、その翌年の審査員だった平田さんのインタビューから掲載するようになりました。出展者をどういう選出経緯で決めていったのか、どういうポイントを吉村審査委員長は見たのか、記録を残したいと思ったのです。出展したい人たちはこの図録から傾向と対策は取るようになってきていますが、審査を担当される当年の審査員によるところもあります。計画、ゾーニング、プランも、皆が違うように、人の解釈、捉え方が違うのが建築だから、人に合わせていこうとしないで自分と向き合ってやってほしいと伝えるのですが、それでも気になる気持ちもわかります。まぁこの次の開催の原資となるよう図録を売るためにも必要ですしね（笑）。

吉村：確かに、記録は後世にむけても必要でしょうね。

—— 最後になりましたが、昨年の情勢でも誰も欠席されず、奇跡的な開催ができましたことを感慨深く感じていました。継がれたバトンを一度も落とさず 12 年目を迎え、本年は次の 10 年目を目指すステップとなるような、あらたな時代を示す開催になると予感しています。10 年間の開催のうち、前半の 5 年は南港 ATC、後半の 6 年は大阪駅前 GFO での開催を結果として果たした上で、以降もこの大阪駅前という地方都市の玄関口で開催を重ねていく予定です。2024 年の街びらきの開発計画を開始した本展会場と隣接するうめきた二期での建築ミュージアム構想をする上でも、本展は、継続した開催から何を得て、どのような意味を持ち、どんな位置づけを目指せば良いのでしょうか。

平沼：1950 年代、1954 年にコルビュジエの西洋美術館での建築展から始まって、日本はやっと 60 年を過ぎたころです。建築展がファインアートの美術展に比べて、あまり発展しなかった訳は、昨年、谷尻さんも少し触れていましたが、過去のものを展示する手法が慣れ親しまれていて、2 年前くらいに作られたプロジェクトの模型、CG、解説、みたいなことになっていることだと思います。本展を通じた建築展は未来に向けてどうすれば良いでしょうか。例えば、谷尻さんだと、現在どう使われているのかと言う事をきちんと話していない展示になっていたり、これからのプロジェクトを語っているけれど、それが作られてどう状態が変わっていくのかが、語られていないと仰っていました。今後の建築展はどういうものを目指していくといいでしょうか？

吉村：難しい最後の質問がいいですね（笑）。会場の人を喜ばせてくださいと言いましたが、喜ばせることに集中してあんまり迎合しすぎるのも良くない。例えば、ヴェネチア・ビエンナーレの建築展は、建築と美術を交互にやっていて、建築展の方がだんだん、美術寄りになっていき、インスタレーション中心の展示になって、模型や図面の展示ではなくなってしまいましたよね。あれは、美術の人たちからすごく評判が悪くて、そのフィールドで戦っている人たちからみると、やはり余興というか、余技というか、美術の人たちにとって展示物は本物だから、それになかなか敵わないかなと感じます。この間、「日本の建物」展という上野でやっている展示を見に行って、文化庁が集めた古建築の資料として 10 分の 1 の模型を展示していたのですがそれがめちゃくちゃ面白かったんです。ただの 10 分の 1 模型ですが存在感がすごいですし、今の姿ではなくて、もともとのオリジナルの姿と今の姿が並べてあったり、日本全国に散らばっているものが、一箇所で見られたり、現在の

姿より模型の方がオリジナルに近かったりもするんです。建ったものが再現されている模型ではな
く、模型の方が資料的価値を持っているというケース見るとを模型の力感じますを。たとえば前回
の大嘗祭の模型もあって、当然本物はなくなっていて模型だけが残っているのですが、その迫力が
すごいなと思いました。単純に模型でも面白いと僕は思いました。しかも、一般の人たちが大勢来
場されていたんですよね。だから変に凝ったりするよりも実はシンプルな模型とかが強いんじゃな
いかと思ったりもするんです。

平沼：なるほど。その興味に理解ができます。僕はレムの展示を 2 回見たことがあります。1 度目
は 5 年くらい前にシカゴでやっていた OMA 展ではすごく大きな 10 分の 1 や 5 分の 1 とかの大きな
モデルにして、側の構造体というよりも、内部空間の 1 枚手前側の皮膜だけにしてありました。空
間性を見てもらおうと彼らがやっていたことは、内部の状況に日付が打たれていて、この日の状況
はこうだったというのを伝えることでした。休日の美術館は人がたくさん入っているし、平日の月
曜日の夕方でも、人がうわーっとオフィスに溜まっているようになっているんです。その使われ方
の背景と共にこの建築の空間が必要になっているんだという展示は実に面白かった。2 度目は去年
の 3 月ちょうどパンデミックになる直前のニューヨーク、グッゲンハイムでやっていた郊外、地方
都市をテーマにしたものです。どういう風に人が分散されていって、パンデミックが起こる前なの
で彼はどう見ていたかは分からないんですが、人の生活が中心型というよりも地方に発達して生ま
れていくだろうということを予知しているんです。この展覧会はもちろん模型もありますが、VR や
最新の技術を使いながら、体験をさせようとしていました。そう言う風に建築展のあり方を模索し

ている感じがあったんです。見てもね、訳が分からないんですよね。ただ、何かワクワクさせてくれるんです。

吉村：難しいですよね。ですからキュレーションですよね。こういう個性の強い皆が模型出すものって難しい。統一しすぎるとやりづらいけど、切り口がシャープだとやはり面白く見える。10 分の 1 の模型の展覧会なんて単純だけど全部スケール比べられるし、面白かったんです。

平沼：建築展は単年度で終わったり、企画展的に終わったりするものが多いですね。国内ではこれほど続いた建築展がまだないんですよ。

吉村：確かにそうですね。

平沼：坂茂さんが去年この展示を見てくださって、何年やっているのと聞かれて、10 年ちょっとですって言ったら、「こんなことができているのならここから基軸を作らないと」と仰いました。何か生み出さないといけないということなのですが、それは何なんだろうと考えているんです。今日吉村さんと話をしていて、もしお願いができるんだったら、彼らに通達を出す時にこのページにマジックで、もうちょっとこうしろとか、大きい模型で行けとか、コメントを 7 人に対してあげて、全体のキュレーションをお願いしたいです。もう同じリージングパネルで 24 年までは、あの配置なんですよ。どこに決められるかはわかりませんが、そういうマスターをお願いもらえないかなって思っています。

吉村：はい。コメントしていくのは良いと思います。でも展示は場所が分からないと難しいですね。彼らも場所がわかれば内容を一考すると思います。この提案なんて 3 面使うアイデアですけどそんな場所は実際ないですよね。あまり空間を閉じないほうが良いと思います。他の人の展示を、一旦見せるとそれで大分変わるかもしれないですよね。会場の様子たぶん知らないですもんね。この提案書の書き方みんな知らないだろうなと思いました。

平沼：ウェブで写真見たら出てきますので見たり、U-35 展に来ていたらわかります。来てなかったとしてもわかります。応募するにあたり、継続してやっているのでここに行きついたプロセスを示してほしいですね。

吉村：ちなみに大阪版建築倉庫みたいに、これをストックしてくみたいなことってあるのかな。い

つか価値が出る、みたいな、ないかな。

平沼：うめきた 2 期のところに、ミュージアムの構想が今進んでいて、そこに 24 年、今コロナで 25 年になると思うんですが、25 年にこれごと移動しようとしているんです。建築ミュージアムみたいなところを造るのですが、あの場所でやろうと思うと、地代が高すぎて、倉庫機能を持てないんですよね。

吉村：それは難しいですね。

平沼：つまり以降に、建築倉庫みたいなところとの連携を計るかですね。

吉村：建築倉庫はスポンサーになってもらい、ここで展示したものをフリーで扱ってもらえる仕組みを持つのもいいですね。

平沼：そういうこともいいですし、あと山下 PMC さんの川原さんとこの間話してきて、そろそろゴールドメダルになった人に、随契で仕事出してやってくれというのを今交渉しているのです（笑）。

吉村：それは、凄い！

平沼：その規模はもう任せるし、毎年出してあげてほしいと。

吉村：素晴らしいし、彼らは嬉しいでしょう。

平沼：つまり彼らみたいな人たちに仕事を得る、今でいう設計者優先権みたいなものを与えてあげることが一番、やる気と意欲が沸き立つのではないかと感じています。

吉村：そうそう。いずれは未来の伊東さんや藤本さんみたいなのが現れてくるかもしれない。

平沼：そうですよね。

吉村：ヨーロッパは模型を買う文化があるから、MVRDV でも所有権でもめたりして、驚いたことがあります。ハノーヴァーの万博のパビリオンのサンドイッチみたいなやつ。あの模型をどこかの美術館が

買いたいと言ってきて、それでボスはオッケーオッケー、売る売る、みたいな感じで調子よく言っていたんですが、その模型はもうクライアントのところに売ってしまっていて、慌てて新品を作り直して、精度はすごくよくなってたんですが、やはりだめ。元々の制作過程で作ったオリジナル、ということが重要なんですよね。美術の文化と同じく最初のものに価値がある。展示用に再構成したものにあんまり価値がないという考え方みたいです。

平沼：後に、残していてくれたらそういうものが価値を生むのですね。でも、彼らにとっては事務所に置いておくのがもう負担ですからね。

吉村：そうですね。

平沼：ただ、今ちょうど街の再開発が進む場所で展覧会をやっているので、そういうまちづくりの起点みたいな存在に建築展がなる。つまり建築案内所みたいな機能を兼ねながら、こういう若手の紹介、中堅の紹介、そして巨匠の紹介ができるような建築展をやらせてもらいたいという希望は出しているんです。ただそれだけでは難しいんです。そこで吉村さんにずっと見てもらっている、日本の聖地の人たちに、例えば去年は東大寺さん、伊勢神宮さんに来てもらうことで建築展を応援しようと思ってもらい、聖地にある秘蔵のモデルをまわしてもらうことができないかと思っています。つまりワークショップでやった聖地から模型展を循環させていく。一般の方たちにとっては、東大寺でも見られない模型が出てくる。建築展の展覧会場所としては機能的にまわるのかな、と模索し

ているんです。

吉村：良いと思います。すごく見ごたえがありますよね。宮大工が確認や研究のためにつくる模型は、尺と寸を入れ替えるだけで済むむから、みんな10分の1で作っているみたいで、法隆寺の改修に従事した西岡常一本人が作った法隆寺五重塔の模型を見ましたが、すごい精度でした。

平沼：最後にこの展覧会はどういう風になっていったら良いんでしょうか。

吉村：建築家が建築家を審査するのがこの展覧会の特徴だと思うのです。壇上での審査員のコメントもプロ同士にしか分からないことを言っているような気がするんです。全然遠慮がなくて、それが良さだと思います。あと、作品ではなく人を選ぶと言う事も結構重要な気がしていています。他の建築の賞はプリツカー賞などを除くと基本的には作品賞ですよね。ですからこの展覧会はプリツカー賞寄りなんですよね。建築家って結局は人の職業でもあって、昨日まで木造作っていた人がある日突然コンクリートで一個だけ良いものを作っても評価できないですよね。だからその人がどういう文脈を背負って、探求をしてきたかということに立脚して考えないといけないと思います。物語として流れで評価していくものなので、既にそこが特徴です。その原点、彼らはまだ始めたばっかりなのでそういうその物語を今までに築き上げてきたというよりはこれからどうやって繋いでいくかという、その初っ端の部分で互いに触発しあえる機会としてこの展覧会はすごく価値があると僕は思っています。もちろん展示は大切ですが、展示というよりは、シンポジウムの機会とか、お互いが刺激を受けあうことが結構大事ではないかと思います。コロナがどうなっていくか分からないですが、今年もまずは対面でやれれば御の字ですね。

平沼：聴講に来てくださっている人たちもムードを作ってくれるので、あの独特な感じはリアルな世界で体験してほしいですね。

吉村：もう最悪の場合、全員防護服着てでもやりたいです！（笑）リモート開催だと良さが半減してしまいます。

平沼：あの規模で期間を延期するというのもかなり難しい試練なので、もう神頼みです。今年は明治神宮にお願いしておこうかな。ははは。

吉村：アハハ。僕たちにはワークショップのおかげで、たくさんの神様と仏様がついているから大丈夫です。

平沼：（笑）吉村さん今日は楽しかったです。改めてありがとうございます。また春に、今年は出展者説明会から、どうぞよろしくお願いします。

吉村：長丁場にさせてすみません。でも楽しかったです。ぜひよろしくお願いします。

2021 年 2 月 1 日
早稲田大学創造理工学部・研究科 吉村靖孝研究室 にて

「答えはない。若さはある。」

　建築の展覧会は、一般的なファイン・アートの美術展とは異なり、展示での発表が主体とならないことから、展示手法と目的に違いが生まれ、系図が示されず、発展途上の分野であるといわれてきました。それは、それぞれの人が暮らす地域にある、実際の建築の方がより身近な存在であることと、建築展が開催される頻度や時期が不規則であることが多く、継続した開催を続けるものでなかったために比較にならず、定着しなかったことがひとつの理由でしょう。非日常的な存在性を放ち、常識に対する新たな視座を示していくアートに対して建築は、私たち人間が生きていくための場所として生活を守り、活動を促すために存在しています。つまりその場所に根づいた産業や自然環境とともに、歴史と、その地域に生きた人の生活文化を映す鏡といえます。だからこそ、その建築の空間性にその場所が持つ自然の豊かさを表現したいと、建築家たちは未来へ向けた願いを提案します。有形、無形を問わず、人を感動させる力を持ったものに備わる豊かさの中には、人間の創造力を働かせ、計り知れない努力を重ねた上に成り立つような「テクノロジー」と「芸術性」が存在するものです。本年の出展者である彼らもまた、これからの社会環境をつくっていく時に、このような芸術性の高い空間をエンジニアとして実現させていくことで、人のためだけでない、後世の自然も含めた環境との共存のあり方も同時に探りたいと模索しています。

　それは近現代、世界から日本の建築家及び、日本の建築技術が評価され続けている理由にあります。2000 年も続く日本の歴史年表と共に併走する独特な建築文化に秘められた伝統技法の継承です。現在も、20 年に一度伊勢神宮で行われる式年遷宮、あるいは一昨年、60 年に一度満了された出雲大社の御遷宮のように、一見すると同じ建物を繰り返し作り直しているかのような遷宮は、その時代ごとに合わせた先端技術と伝統技術を合わせて継承しています。また建造した後、戦争や落雷、暴風により損壊した東大寺のように、何度も繰り返し民意で再建される。つまり一度、建築をつくれば建築を 1000 年残すような欧州文化と違い、一度建築をつくれば、そのつくり方という技術の継承を 1300 年〜 2000 年もの間、人につなぐことで、技法を高めていくような文化を持つ民族だからこそです。本展は、まさに、私たち日本の民族がもつ言語をあらためて知り、現代社会の位置づけを、建築の歴史年表の行間から将来を読み取ることを可能とすることでしょう。

　昨年 11 月 1 日より公募による募集を開始しました本年の出展者募集は 1 月 29 日に締め切り、2 月 1 日に出展者の選考を開始しました。近年は毎年、建築家・史家 1 名による選考が行われ、2014 年は石上純也、2015 年は藤本壮介、2016 年は五十嵐淳、2017 年は五十嵐太郎、2018 年は平田晃久、2019 年は倉方俊輔、そして昨年 2020 年の谷尻誠と継ぎ、本年 2021 年は吉村靖孝が審査を務められます。

大学で意欲的に建築を学ばれ、建築の第五世代と称されるアトリエ出身者の系譜をつなぐ者や、海外で建築を学んだ経験をもつ者が出展され、また出展作は、地域に根ざした建築の改修プロジェクトが多く、街の風景に存在し続けた建築に新たな時代の価値を与えるような提案が際立ち、近い経験で立場が異なるスタンスの設計活動に取り組む出展者が、短く限られた時間の中でひとつの展覧会をつくりあげ、同じ時代背景の中で学んできた同世代だからこそ生まれる「新たな価値」を示しているように感じています。また特に、公募による選考で選出された出展者たちは、自発性と積極性が高まり、展覧会に取り組むことで建築家としての意識が大きく変わる。また来場者から若手へ新鮮さを求める状況そのものが、本展を継続して開催する意図なのかもしれません。

　第 12 回目となる、建築家への登竜門「U35 Under 35 Architect exhibition ｜ 35 歳以下の若手建築家 7 組による建築の展覧会」を今年も開催いたします。2010 年より大阪・南港 ATC にて開催をはじめた本展は、5 年間の開催を続け、6 年目の開催となりました 2015 年より、関西の玄関口に位置するグランフロント大阪・うめきたシップホールにて開催を継ぎ、広く一般者へ " 街の身近なもの " として建築のプロセスを体験してもらおうと、受け継いだバトンを一度も落とさず開催を続けます。本年は『答えはない。若さはある。』という時代の変革を予知するテーマに、完成時点でひとまず停止する実際の建築を見てもわかりづらい、一般者にとっては高度な設計手法をわかり易く示しているのが特徴です。つまり建築の竣工後には理解しづらい「設計や施工のプロセス」、「実際の建築として使われた後の状況」を展示で表現すると共に、繰り返し行われる設計の「スタディ」から生まれた、タイポロジーとしての構造のアイディアや、室内環境のコントロールにトポロジーとしての考え方を盛り込んだ意図を紹介します。

　また会期中には、日本の建築文化を深く理解される、建築関連の企業や団体との関連イベントを開催すると共に、連日、出展者による「ギャラリー・トーク」や、出展者の一世代上で日本を代表し活躍される建築家たちによる「イブニング・レクチャー」など、若い世代だけでなく、建築界全体への広がりに想像力が働くような取り組みを試みます。本展の出展者をはじめ、シンポジウムに登壇される建築家が、建築を目指した頃のきっかけを示すような、後進者の希望につながる実践を体験する場となり、これからの社会を築く現代の人たちにとって、将来への意欲につながるような機会となることを願います。

　最後になりましたが、本年の展覧会の実現にあたり、ご支援・ご尽力をいただきました関係者各位のご厚意に、心より御礼を申し上げます。

profile
出展者情報

板坂留五《半麦ハット》

榮家志保《秋本邸》

鈴木岳彦《Bed & Business》

奈良祐希《陶芸と建築の邂逅》

西原将《三宿の部屋》

畠山鉄生+吉野太基《河童の家》

宮城島崇人《O project》

1993年兵庫県生まれ。2016年東京藝術大学卒業。2018年東京藝術大学院修了後、独立。2020年より、東京藝術大学にて非常勤講師を務める。2019年秋、修了制作から取り組んでいた両親の店舗兼住宅「半麦ハット」(共同：西澤徹夫)を竣工。翌年に、本建築を通してさまざまな人が考えたことを束ねた書籍「半麦ハットから」(盆地Edition)を出版。2020年春、パン屋兼ギャラリー「タンネラウム」の内装設計を行い、同世代の作家とのトーク「タンネラウムを語らう」と同時に発表。そのほか、演劇や展覧会の会場構成や生活工房ギャラリーのプチリニューアルなどがある。

1986年姫路生まれ。京都大学工学部建築学科卒業、東京藝術大学美術研究科建築専攻修了。同大学院在学中にトルコ・イスタンブールのミマール・シナン美術大学へ交換留学。中東での人を過ごせる力をもつ道空間に惹きつけられ、路上リサーチを起点に修了制作を行う。2012年より大西麻貴 + 百田有希/o+hにてインスタレーションから公共建築まで担当し、現在パートナー。2018-21年東京藝術大学教育研究助手。2019年より個人の活動としてEIKA studio主宰。主な作品に「秋本邸」(2020年)など。

1987年埼玉県生まれ。2010年東京大学工学部建築学科卒業。2011年スイス連邦工科大学チューリッヒ校交換留学、2012年東京大学大学院工学系研究科建築学専攻修了。2012-16年 OMA Hong Kong / Rotterdam 勤務。東京大学学術支援専門職員を経て2019年鈴木岳彦建築設計事務所設立。主な作品に、施主が自らの作業に没入しつつも豊かな周辺環境とのつながりを回復することを目指した3坪の離れ「TUNNEL(2019)」。「TUNNEL」にて German Design Council ICONIC AWARDS 2020 'BEST OF BEST' 受賞。

1989年石川県金沢市生まれ。2013年東京藝術大学美術学部建築科卒業、2016年多治見市陶磁器意匠研究所修了。2017年東京藝術大学大学院美術研究科建築専攻首席卒業、北川原温建築都市研究所勤務を経て、2021年よりEARTHEN主宰。陶芸分野では、Art Basel / Design Miami(スイス)、TEFAF(オランダ)、SOFA(アメリカ)などに招待出品。主な受賞歴に金沢世界工芸トリエンナーレ審査員特別賞(2017)。作品は根津美術館(東京)、ヴィクトリア＆アルバート博物館(英国)などに収蔵されている。建築分野では、主な作品に「障子の茶室」(2018/金沢21世紀美術館、台南市美術館)。陶芸と建築、二つの領域をまたいだ創作活動を行っている。

1985年愛媛県生まれ。松山工業高校卒業後、小田急電鉄に整備士として勤務。2012年京都大学工学部建築学科卒業。2016-2018年スキーマ建築計画に勤務。スーパーマーケットの設計や京都市立芸術大学プロポーザルなどを担当し、2020年よりsnaとして活動。「建築家の意図≠個々の体験」とすることをテーマに形式やモノ、能動的な使い方まで考え実践することを目指して設計している。

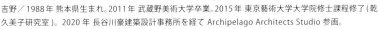

畠山／1986年富山県生まれ。2011年武蔵野美術大学卒業。2013年同大学大学院修士課程修了(菊地宏研究室)。2017年増田信吾 + 大坪克亘を経て Archipelago Architects Studio 設立。
吉野／1988年熊本県生まれ。2011年武蔵野美術大学卒業。2015年東京藝術大学大学院修士課程修了(乾久美子研究室)。2020年長谷川豪建築設計事務所を経て Archipelago Architects Studio 参画。
主な受賞歴として、2017年新建築住宅設計競技2017佳作(畠山)、2019年SDレビュー2019入選(畠山 + 吉野)。

1986年北海道生まれ。2011年東京工業大学大学院修了後、マドリード工科大学(ETSAM)奨学生。同年、北海道大学大学院国際広報メディア・観光学院博士課程に進学し、観光をきっかけに再認識される地域の景観や町並みに関するリサーチ及びデザインに取り組む。2013年より主宰する宮城島崇人建築設計事務所にて建築設計を中心に、環境と人間の新しい関係をつくりだすことを試みている。主な作品に、丘のまち交流館 "bi.yell"(2015)、サラブレッド牧場の建築群(2016~順次竣工)、山裾の家(2018)、O project(2020)など。

① ② ③ ④ ⑤ ⑥ ⑦

① 陶芸と建築の邂逅　　　　　　　　　　　　　　　　　　　　　　　　　　　　　　　　　　　　奈良祐希

陶芸と建築。親和性がありながらも今まで交差することがなかった相互領域を等価に考えてみる。「作陶」と「設計」プロセスを同期させることによって、従来の概念を超えた新しい建築のイメージを創出させる試みである。

② 三宿の部屋　　　　　　　　　　　　　　　　　　　　　　　　　　　　　　　　　　　　　　　西原将

中古マンションの改修。設備の位置を整理し、下地に集約することで仕上げ面を扱いやすくした。また、造作のきっかけとなる長押と巾木を外周部に回すことで、使用者が能動的に関われるような、先回りしすぎない仕組みを設計した。

③ 秋本邸　　榮家志保

この住宅の住人は、日々住宅の中を何度も往復し、様々な解像度で風景を捕まえる。すごすうちに身体を通して新たに空間がつくり出され、住宅は次第に風景の結節点となっていく。そういった「すごすこと」と「空間をつくること」相互の行き来について展示する。

④ 半麦ハット　　　　　　　　　　　　　　　　　　　　　　　　　　　　　　　　　　　　　　板坂留五

この建築は、私が両親や街の様子から感じとった「とりとめのなさ」と、建築が否応なく誰かに世界の見方を与えてしまうことへの葛藤によってつくられた。淡路島につくられたとある建築にまつわる、さまざまな思考と創作をたよりに、建築を逆照射してみたい。

⑤ O project　　　　　　　　　　　　　　　　　　　　　　　　　　　　　　　　　　　　　　宮城島崇人

公園に面して建つ住宅を改修増築したOprojectを中心に、「環境を鼓舞する建築」の探求を表現する。建築が環境にはたらきかけることで、周辺環境の特性が引き出され、見え方や意味が変わる。この建築を通して考えた環境と建築の関係を問いかけたい。

⑥ Bed & Business　　　　　　　　　　　　　　　　　　　　　　　　　　　　　　　　　　　鈴木岳彦

都心に構想したビジネスホテルの計画案。客室の間を縫うように仕事や作業のための空間「ビジネススペース」をつくる。「小さな広大さ」をキーワードに、身体を親密に抱擁されながらも意識が遠くへと羽ばたくような、心地よく自由な居場所を目指している。

⑦ 河童の家　　　　　　　　　　　　　　　　　　　　　　　　　　　　　　　　　　　畠山鉄生＋吉野太基

小さな敷地に住宅兼スタジオを計画した。内側で必要になる構造耐力をブレースの機能を持つゆるい階段が担う。そこへ薄い床を差し込み、5層でかつ一体的なスキップフロア空間をつくっている。その層の連なりを実寸大で示す。

半麦ハット

これは、淡路市東浦という街に建てられた、
将来の移住を視野に入れた両親の週末住居
兼、母が営んでいる洋品店である。

この街は、山や海といった観光資源が豊富
で、都心へのアクセスのよさから移住者も
多い、どこにでもある郊外のようだった。
一方で街の風景からは、この街特有の地理
的、慣習的、環境的な広がりを持ったまと
まりが想像できた。

かといって、誰しもがそれを想像できるわ
けではなく、ささやかなサインを掴みとり
考察するスキルがなくてはいけない。私た
ち建築家こそ、そのようなスキルを持って
いるはずだ。
建築をつくることで、世界の見方を与える
ことができる。そのことの尊さと危うさの
狭間で、私はあり得べきたくさんの様相を
考察し想像を繰り返して建築のなかに繋ぎ
とめようとしている。

この展示を通して、建物そのものなしに「半
麦ハット」に繋ぎとめられたいくつものま
とまりを伝えるやり方を考えている。

1 内覧会での語り

竣工してから何度も内覧会に訪れた人に建築の説明をする機会があったが、その度に話し始める場所が違うことに気づいた。ところが大抵、気づけば話しながら建築を一周できている。

ある部分を話していると、そのまま別の部分の話へと横滑りする感覚は、設計しているときに様々な縮尺の図面を持ち替え続けていたことと重なる。

Photo / 1,4 : Moe Kurita / 2 : Nanako Ono / 7 : Fuyumi Murata / Others : RUI Architects

Hanmugi Hat

Director
Rui Itasaka & Tezzo Nishizawa

Music
Hazuki Nakamura

2 映像と図面
竣工後に撮影した映像は、入れ子状の平面
構成より、空間に現れる境界線を利用した
画面を左右に等分割するような構図の連続
とした。
静的なシーンの連続であるが、平面図を片
手に見てみると立体的な経験が浮かび上
がってくる。

3 「半麦ハットから」への応答
私が街から建物をかたちづくったよう
に、訪れた誰かが別の何かをつくりだ
すような「つくる」ことの循環を生み
たいと思い、本を作った。
この場を借りて、本に寄せられた言葉
や写真へ、私が応答し、また次の何か
につなぎたい。

7

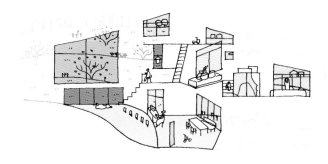

姉夫婦と子ども2人のための住宅である。

敷地は、果物畑が虫食い状に点在する、緩やかな傾斜が続く住宅地にある。ここは彼らにとっては住まい慣れた土地ではなく、職場への通勤や子どもの通学を考え選んだ土地であり、外から突然お邪魔するような土地である。わたしは彼らがこの土地に住まい、すごし、なじんでいく経験そのものを考えることから住宅を設計した。

このスケッチは、住み続ける中で彼らがとらえる空間をあらわしている。スケッチ中央から左側が南、右側が北をあらわす。この住宅では、ひとつひとつの居場所が、すごされるなかで少しずつ拡張し、連なりながら住宅全体を構成し、道や土地、風景と紐づく経験に展開する。ここに住まう人は、日々住宅の中を何度も往復し、様々な解像度で風景を捕まえる。そうしてすごすうちに、身体を通して住宅は風景の結節点となっていく。

住宅をつくるときには、その場所ですごすことを想像し、空間を計画し設計し、立ち上げるが、すごされるうちにまた空間は新たに生まれている。

そういった「すごすこと」と「空間をつくること」の相互の行き来が生まれる建築として展示する。

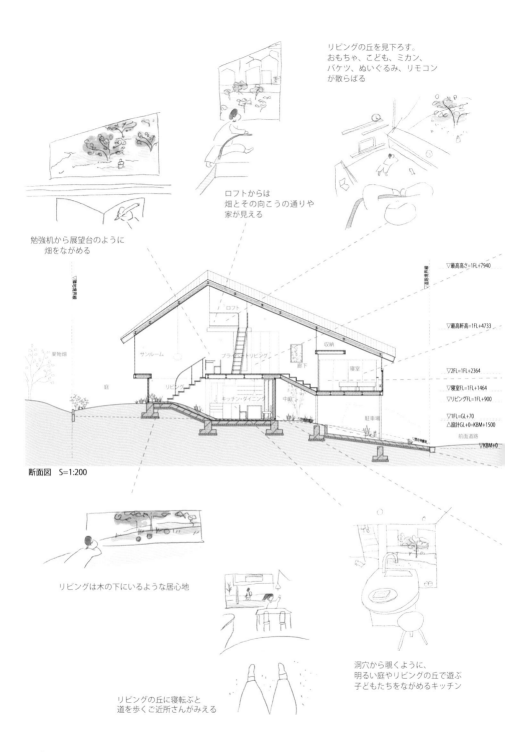

リビングの丘を見下ろす。
おもちゃ、こども、ミカン、
バケツ、ぬいぐるみ、リモコン
が散らばる

ロフトからは
畑とその向こうの通りや
家が見える

勉強机から展望台のように
畑をながめる

▽最高高さ=1FL+7940

▽最高軒高=1FL+4733

▽2FL=1FL+2364

▽寝室FL=1FL+1464
▽リビングFL=1FL+900

▽1FL=GL+70
△設計GL+0=KBM+1500

▽KBM+0

断面図　S=1:200

最高高さ制限線△

最高高さ制限線△

ロフト

サンルーム

収納

プライベートリビング

寝室

廊下

果物畑

庭

リビング

キッチン・ダイニング

中庭

駐車場

前面道路

堀の境界線

リビングは木の下にいるような居心地

リビングの丘に寝転ぶと
道を歩くご近所さんがみえる

洞穴から覗くように、
明るい庭やリビングの丘で遊ぶ
子どもたちをながめるキッチン

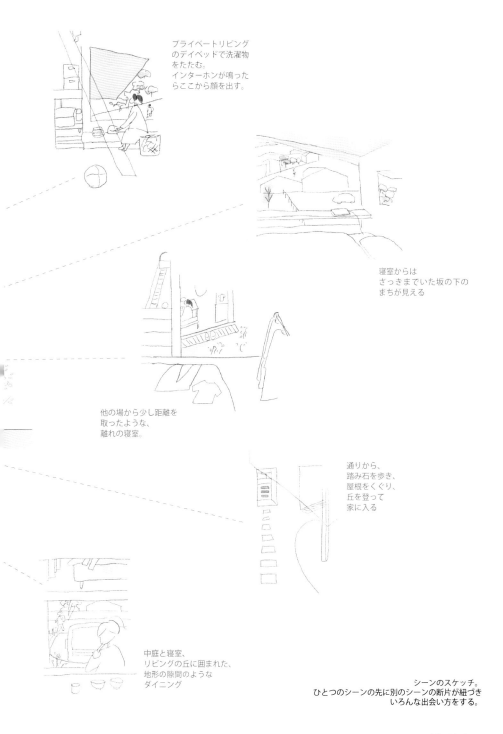

プライベートリビング
のデイベッドで洗濯物
をたたむ。
インターホンが鳴った
らここから顔を出す。

寝室からは
さっきまでいた坂の下の
まちが見える

他の場から少し距離を
取ったような、
離れの寝室。

通りから、
踏み石を歩き、
屋根をくぐり、
丘を登って
家に入る

中庭と寝室、
リビングの丘に囲まれた、
地形の隙間のような
ダイニング

シーンのスケッチ。
ひとつのシーンの先に別のシーンの断片が紐づき
いろんな出会い方をする。

under 35 architects | 鈴木岳彦（すずき たけひこ）
Bed & Business

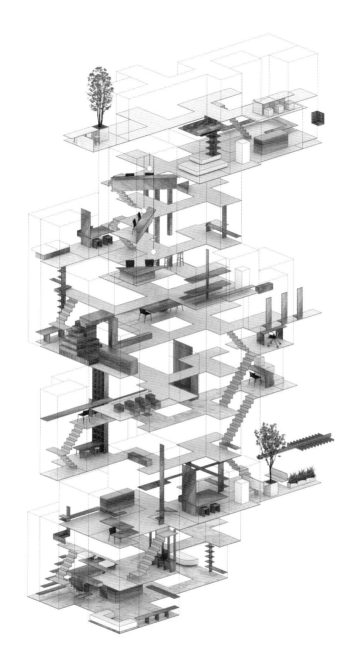

ひとつながりのビジネススペース

客室の間を縫うように、仕事や作業のための空間「ビジネススペース」をつくる。宿泊者だけでなくリモートワーカー、週末起業家等にも開かれた仕事場。小さな空間がひとつながりに連なり、多様な居方を示唆する家具が設えられる。小さくて広大な居場所をつくる。

極めて小規模な建物の設計にいくつか取り組む中で「小さな広大さ」とでも言うべき空間の質について考えるようになった。それは極小の空間でも獲得しうる感覚的な広さや大きさのことであり、数字上の床面積といった絶対的な指標によらない。今ここではないどこかを質感を伴って想像できる感覚をもたらし、身体を親密に抱擁されながらも意識が遠くへと羽ばたくような状態のことである。それゆえ「小さな広大さ」は心地よさであると同時に自由である。そして個と世界が当たり前に直接コミュニケートする現代の距離感の、空間的翻訳でもある。

展示するのは、都心に構想したビジネスホテルの計画案である。シングルルームのみで全体を構成するとしたクライアントの要求に対して、要求室を満たしながらも各階高を最小限に抑えることで生まれる余剰の床面積を仕事や作業のための「ビジネススペース」として建物全体に散りばめることを提案した。全体は林立するコアとそのすき間の空間から成り立っている。ビジネススペースは時にコアの中、時にそのすき間に広がりながら建物全体でつながり合っている。それぞれのスペースは小さく、互いの見通しは効かない。コアのコンクリートや床の絨毯など各スペースに通底する要素があり、木造作などスペースごとに少しずつ異なる要素がある。これらのスペースを巡りつつ時を過ごす体験は「小さな広大さ」の感覚をもたらす。身体は親密に包まれながら、見えない向こう側に想像を巡らせる状態。ここではないあの場所で時を過ごしてもよいと思える自由の感覚。これまで最小限の客室で窮屈にせざるを得なかった仕事や活動が、そんな小さくて広大な居場所へと開放される。それは都市の喧騒の中でのテレワークとも、ユニバーサルなシェアオフィスとも異なる、新しい仕事場の形である。

3階内観

林立するコアとそのすき間に広がるビジネススペース。高い/低い/明るい/暗い場所をつくる。家具がそれらを互いに結びつける。

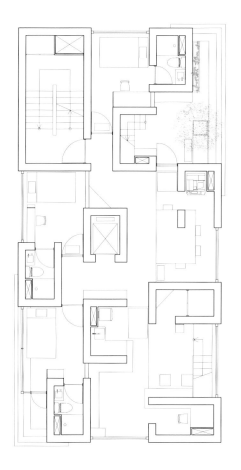

3階平面図 1:150 (↑)
コアの近接によって梁成・階高が抑えられる。各階で客室とビジネススペースが混在する。

陶芸と建築の邂逅

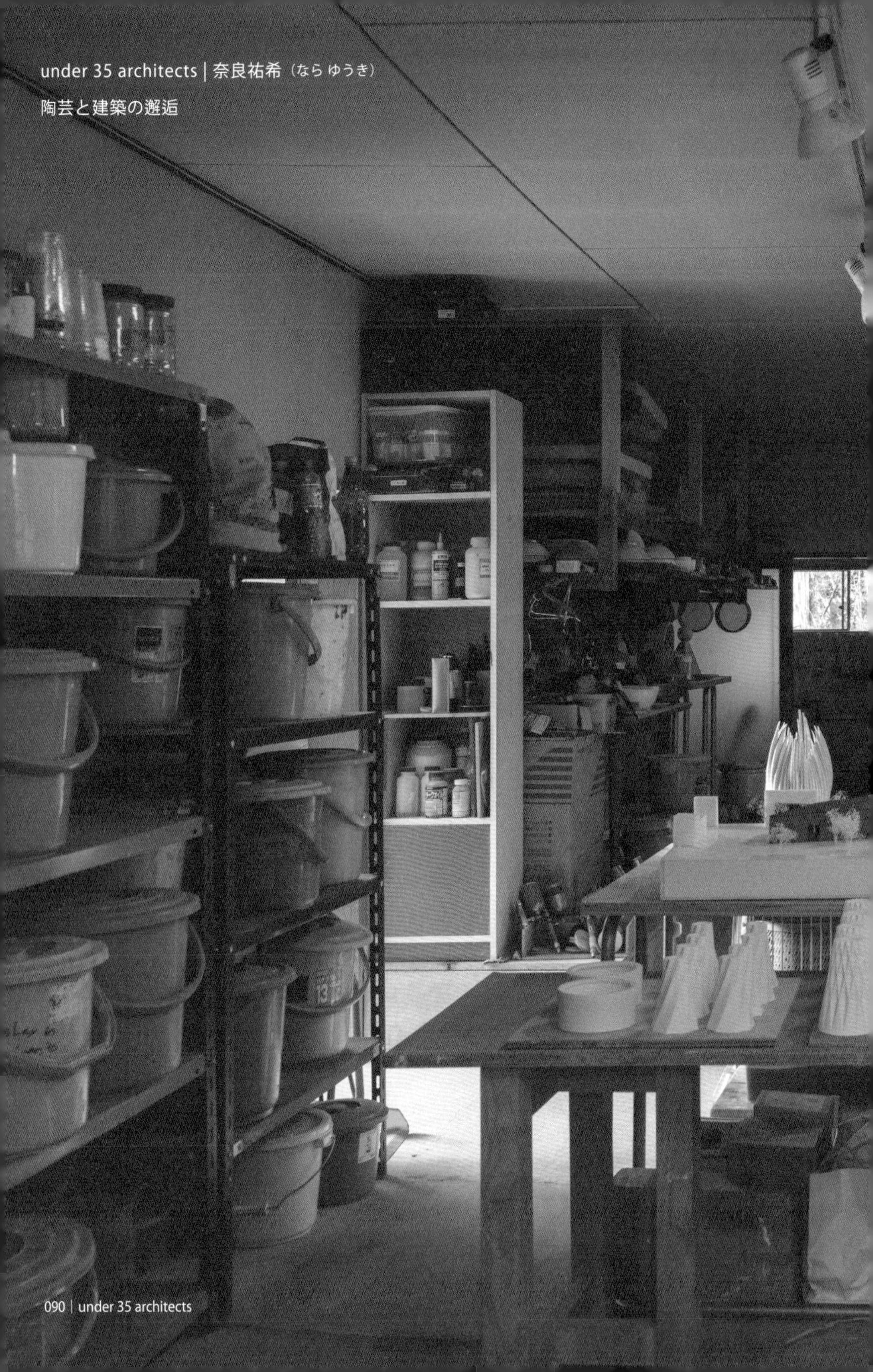

Bone Flower

My aim was light and transparent ceramics rather than the conventional dignified ceramics.
Ceramics able to absorb its surroundings and retain the special mood of its place.Ceramics
able to be a warm boundary gently connecting, rather than separating, interior and exterior.

従来のような荘重な陶芸ではなく軽やかで透明な陶芸。
周辺環境を引き込み、絶えず場所固有の空気を内包するものとして。内と外を明確に
分けるのではなく、それらを優しく繋げていく温かな境界を持ったものとして。

五行茶室

茶会記

掛軸：延暦寺千手院住職　小林隆彰
筆軸先：十一代　大樋長左衛門　造
花入：Bone Flower　奈良祐希　造
香合：十一代　大樋長左衛門　造
風炉先：日月　大樋陶冶斎　画
釜：南部鉄器　内田繁　造
炉：十一代　大樋長左衛門　造
水指：十一代大樋長左衛門　造
棗：夜光貝線紋中次　山村慎哉　造
茶杓：ステンレス製　銘「夢の中」
　　　　川上元美　造　伊住宗晃　箱茶
碗：大樋飴釉　田中一光　自作
　　　　銘「光雲」
茶碗：大樋飴釉　伊住宗晃　自作
　　　　銘「古今」
蓋置：鍛銀錫　宮田亮平　造
菓子器：ジョージナカシマ　監修
柄杓：鉄製　酒井直樹　造
床：ミレニアム　LED 床板
設計：奈良祐希
建築素材：和紙（二俣和紙）
　　　　　木（能登ヒバ）
　　　　　ガラス（能登島ガラス工房）
会期：2018.10.30-11.11
展覧場所：金沢21世紀美術館
　　　　　台南市美術館

『陶芸と建築の邂逅』

太古の昔から伝わる土着的な芸術である陶芸。
人類の進化とともに歩んできた建築。

親和性がありながらも今まで交わることがなかった2つの芸術と工学を等価に考えてみたいと思います。

陶芸は人類のもっとも古いテクノロジーおよび芸術形式のひとつです。陶芸に用いられる素材の性質には地域により大きなバリエーションがあり、このため各地域に独自のやきものが生まれてきました。（地域性）

陶芸の研究は過去の文化への洞察の契機となります。「やきもの」は丈夫であり、遺物の研究はそれを産み出しもしくは入手した社会構成、経済状況、文化的発達などに関する理論の発展に寄与します。（歴史性）

陶芸の研究、例えば縄文土器の装飾研究等から、ある文化における日常生活、宗教、社会的関係、隣人に対する姿勢、自分達自身の世界に対する姿勢、さらには宇宙の理解様式までをも推測することができます。（社会性）

これらの状況は建築を取り巻く様々な事象と全く同じといえます。
そこで、陶芸の「作陶」プロセスと建築の「設計」プロセスを同期（sync）させてみます。例えば、良土を求めて彷徨うフェーズを建築敷地周辺の断片や痕跡、記憶のリサーチに見立てたり、作陶プロセスにおいて重要な「釉薬」フェーズには設計へのスパイス（ある化学反応や劇薬）を探求する行為として捉えてみます。

その同期や見立てによって、従来の概念を超えた新しい建築のイメージを創出させる試みです。

『シェア』概念を内包した次世代型新社屋オフィス
－ ポストコロナを見据えた先進的な戦略

『シェアギャラリー』
学生や若手アーティスト
向けの展示発表スペース

『シェアカフェ』
出張型レストラン＆カフェ
※地域のランチ難民向けに
デリバリー等にも柔軟に対応

『ミチの結節点』
人と街と自然を
プラットフォーム

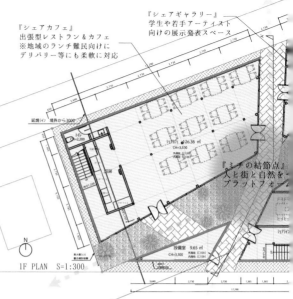

1F PLAN S=1:300

『街のミチ』：
街や路地の連続性を敷地内に引き込む

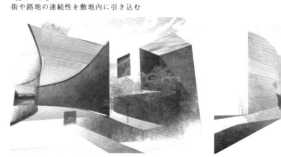

『緑のミチ』：東側県道から続く街路樹の流れを敷地内に引き込む

緑道を利用して地域に開かれたマルシェ等のイベントを企画する

『緑のミチ』 デザイン監修

そら植物園：西畠清順

そら植物園は「ひとの心に植物を植える」をスローガンにプラントハンター西畠清順が 2012 年に立ち上げた活動です。国内外を旅して集めた植物を用いて、さまざまな企業、行政機関などから寄せられる空間演出やランドスケープデザインなどの依頼を今までになかった切り口で次々と成功させ、日本の植物界に革命を起こし続けています。

『シェアオフィス』
レクチャーや催事等の
地域向けイベントにも
柔軟に対応するスペース

『コトの結節点』
地域とオフィスをつなぐ
プラットフォーム

2F PLAN S=1:300

『作陶プロセス』ドローイング

先回りしすぎない仕組みを設計する　- 三宿の部屋 -

建築家の意図通りに感じられる「空間」ではなく、体験者に委ねられる建築を作りたい。
そのために「形式」「もの」「人」に関わる部分で意図が現れすぎていないか、
能動的に関われるものになっているかを確認しながら設計を進めています。

photo : kenta hasegawa

この中古マンションのリノベーションにおいてはまず、一般的には仕上げについてくる設備の端部を
下地に集約することで、仕上げを着脱しやすい造りとしました。下地に現れてくる設備はかわいらしくもあり、
使用者が構築物に手を出しやすい隙のような空気感を作り出しています。

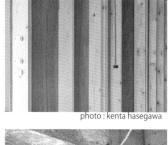

photo : kenta hasegawa

photo : kenta hasegawa

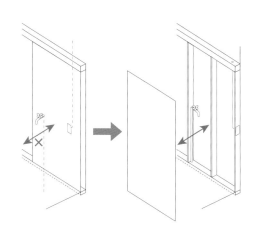

photo : kenta hasegawa

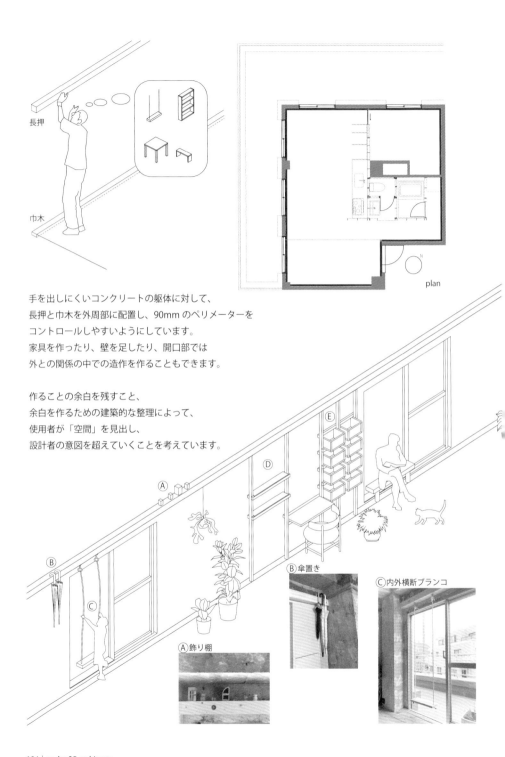

長押

巾木

plan

手を出しにくいコンクリートの躯体に対して、
長押と巾木を外周部に配置し、90mm のペリメーターを
コントロールしやすいようにしています。
家具を作ったり、壁を足したり、開口部では
外との関係の中での造作を作ることもできます。

作ることの余白を残すこと、
余白を作るための建築的な整理によって、
使用者が「空間」を見出し、
設計者の意図を超えていくことを考えています。

Ⓐ 飾り棚
Ⓑ 傘置き
Ⓒ 内外横断ブランコ

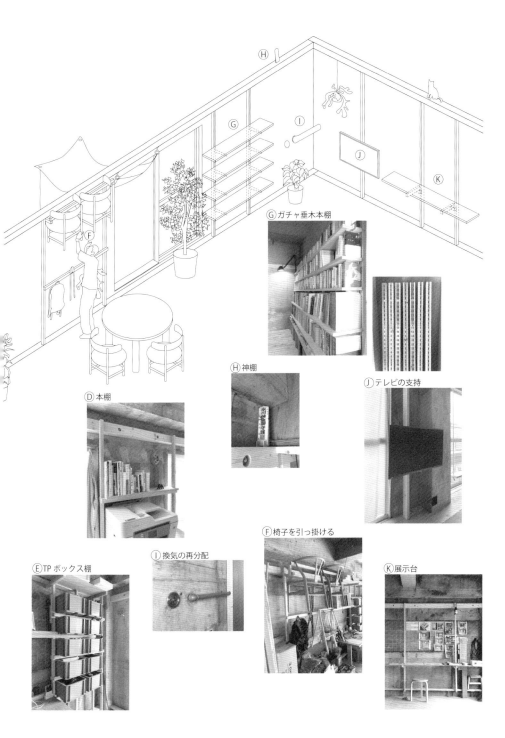

Ⓖ ガチャ垂木本棚

Ⓗ 神棚

Ⓙ テレビの支持

Ⓓ 本棚

Ⓕ 椅子を引っ掛ける

Ⓔ TP ボックス棚

Ⓘ 換気の再分配

Ⓚ 展示台

under 35 architects | 畠山鉄生＋吉野太基（はたけやま てつお＋よしの たいき）

河童の家

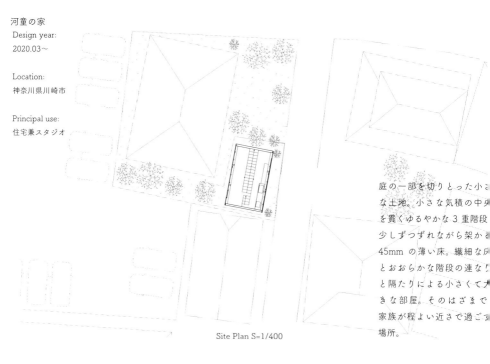

河童の家

Design year:
2020.03～

Location:
神奈川県川崎市

Principal use:
住宅兼スタジオ

Site Plan S=1/400

庭の一部を切りとった小さな土地。小さな気積の中央を貫くゆるやかな3重階段少しずつずれながら架かる45mmの薄い床。繊細な床とおおらかな階段の連なりと隔たりによる小さくて大きな部屋。そのはざまで家族が程よい近さで過ごす場所。

○邸 別荘

Design year:
2021.02～

Location:
埼玉県大里郡

Principal use:
別荘

Site Plan S=1/1000

岩肌が見える河岸段丘。ダムが作り出す水平面は、その形を地形に委ねる。単純な2.4mモジュール架構の家を支える水平面、その形を地形に委ねてみる。人工物と自然、それぞれの合理性の尺度の違いを、形が連続する。社会と自然と付かず離れずな拠所。そのはざまで、ひとりの人生の終わりを迎える、静かな場所。

Y 邸

Design year:
2020.04〜

Location:
熊本県八代市

Principal use:
住宅

Site Plan S=1/2000

400年の歳月をかけてつくら
れた平野の上。大きな平面が
1.9m上空に架けられる。
整頓された田園地帯を、斜め
に走る高架。大きな平面は、
矩形の一部を斜めに向けら
れる。虫、動植物、ヒト、車、
新幹線。そのはざまで、周
縁と向き合うことを決意さ
れた場所。

N 邸 増築

Design year:
2020.09〜

Location:
富山県高岡市

Principal use:
車庫

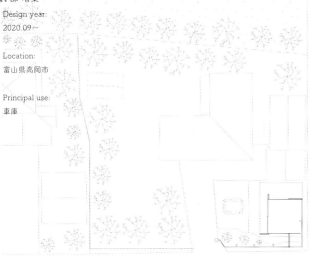

Site Plan S=1/700

田園風景の中にある、大き
な敷地。母屋の軒先と中庭
を囲むように、納屋と連続
するように、コンクリート
ブロック塀との隙間に外の
風景を切り取るように、大
雪を受け止める器のように、
コンクリートの屋根を架け
る。時間と共に移ろう環境。
そのはざまで、趣を味わい
ひたる場所。

河童の家

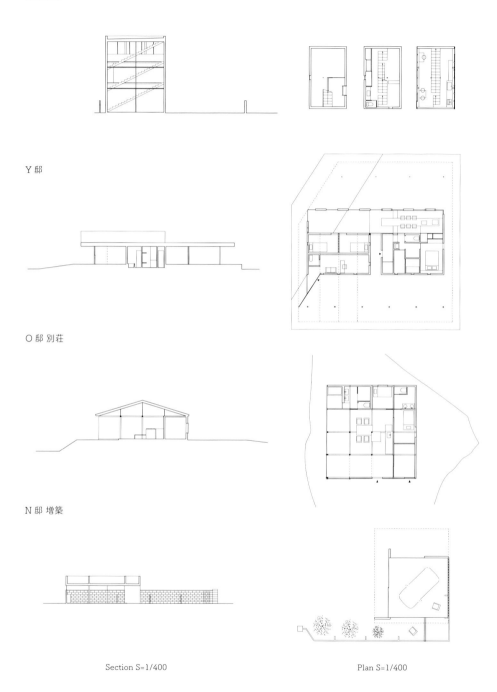

Y 邸

O 邸 別荘

N 邸 増築

Section S=1/400　　　　　　　　　　Plan S=1/400

- 夜明け空のような建築 -

建築を設計していく中で必
要になってくる機能を、た
だ図式や構成を用いて再編
成するのではなく、その条
件を刹那的な様式で満たす
のでもなく、機能主義的な
合理性をともなった空間と
して自律させ、表現主義的
な現象をともなった抽象空
間とを一つの形式の中で共
鳴するように共存させる。
　それは表現と機能という概
念だけに限らず、二律背反
する観念や複数の概念が存
在する場を実現させる。そ
うすることで概念の更新と
も包含や折衷とも違った、
まだ見ぬ空間の可能性を
探っている。
夜と朝のはざまに垣間見え
る夜明け空のような美しい
空間を求めて。

©Daici Ano

©Daici Ano

これまで私は、一貫して環境と建築の関係を考えてきました。今回の展示の中心となる Oproject で試みたのは「環境を鼓舞する建築」の探求です。建築は、環境に対する人間の認識を変え、想像力をかきたて、また直接的な環境との交感も含め、人間と環境のみずみずしい関係をつくりだすことができます。建築を包含する環境抜きには、いかなる人間の歓びも建築の歓びもありません。環境を鼓舞することと人間を鼓舞することは同義です。環境を鼓舞する建築は、環境へのリアクションではなく、環境へのアクションであるため、コンテクストから導かれず、周囲を参照しない、生物のような自律した存在だと考えます。そうした建築を目指す過程で発見したことを、以下の4つのトピック「環境の重さとものの重さ／躯体の組成、雪、土、熱容量」、「環境の振れ幅／夏と冬・極端な環境差」、「大地との関係／地続きと浮遊」、「揺れ動くスケール／線、柱、壁」を通して表現します。

Oproject は、東京で食や料理に関する仕事をしていた建主が、豊かな自然のなかで新鮮な食材をシンプルに料理して楽しむ生活に感動して移住を決め、札幌市内の公園の一角にある、木造枠組壁工法の住宅（2×4住宅）を購入したことから始まりました。在宅でさまざまな仕事をする彼らが求めたのは、料理を介したコミュニティづくりや食品開発などを行うための広いキッチンをもつ、食と生活に関するラボラトリーのような住宅です。公園に対して無関心に建つ、堅牢で均質な2×4住宅を開放的に改修するのは限界があったので、フェンスに囲まれた窮屈な庭の部分にキッチン棟を増築することで、公園の開放性と 2×4 住宅の堅牢性を最大限に引き出し、総体として新しい環境を生み出すことを目指しました。住宅のサンルームであり、公園のパビリオンでもあるような増築によって、周辺環境を巻き込みながら、引き上げていくような建築です。

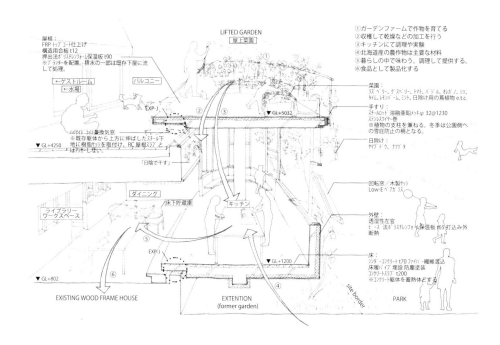

インタビュア：倉方俊輔　× 平田晃久 × 平沼孝啓 × 藤本壮介 × 吉村靖孝

出展若手建築家：板坂留五　榮家志保　鈴木岳彦　奈良祐希　西原将　畠山鉄生＋吉野太基　宮城島崇人

倉方俊輔

倉方：まず初めに審査委員長である吉村さん、どのような意図で今年の7組を選ばれたのでしょうか？

吉村：正直、選ぶのが難しかったです。これまでいろんなコンテストや卒業設計展などの審査員を やってきましたが、基本は作品の評価で、その作品が街の中にどう置かれているか、どういう材料 を使っているか、どういう工法を使っているかということでふるいにかけて賞を決めています。し かし、これはそれだけではなくて、建築だけではなく、建築家としてのみなさんの感受性を資料の 中から読み取って選ばないといけない。これが難しいことです。1つしか作品がない人もいるし、 作品数が多い人もいる。取り組んでいる内容も振れ幅があります。一言で簡単に、この世代はこう いう世代だと言える感じではないなと思うのです。僕としてはこの機会をうまく使って、むしろ皆 さんで、自分たちがどういう世代なのかを意識する機会にしたら良いのではないかと考えています。 別に世代でまとまらないといけないわけではありません。むしろ、あの人があっちに行くんだった ら私はこっちに行くといった、違いをはっきりさせる会として個性が出てくるのも良いのではない かと思います。でも7つまとめて同じ会場の中で見てみると、やはりこの時代はこうだなと感じら れたり、僕たちの世代と比べるとどういう特徴があるのかということが、終わった時には語れるよ うな、そういう展示になると良いなと思っています。

倉方：そうすると、さらにお尋ねしたいことがあります。まず、建築家としての可能性というもの は1つの選考の基準となっていると思われますが、吉村さんは「建築家」をどのような人間として 捉えていますか？

吉村：難しいですが、「建築家」とあえて言う時には、そこに設計のスキルが高いというだけではないものが含まれるとは思います。継続的な探求ができる人、同じテーマを繰り返し考えられること。言い換えると、敷地やクライアントや予算といった与条件の差を超えて、一本つながるような何かを持っていること、それがあえて区別するなら「建築家」の特質ではないでしょうか。どのくらい今やっている活動を本気で続ける覚悟があるのか、と言えるかもしれません。現時点でそれが明快に見えていなくても、それが読み取れるかどうか。単純に個性という言葉で括りたくはないのですが、結果的に個性というものに繋がっていくような、現在どのくらいテーマと真剣に向き合っているのかというあたりが 1 つ選考の基準となっていて、それを僕が応募資料の中から読み取れた人たちに集まってもらっているということになります。

倉方：世代性は自分で作れ、と言うことですね。確かに、世代論というのは他人がどうこう言うという以上に、本人が自覚して自らの可能性を創造するという性格もある。それを武器にしたり、テコにしたりして利用していく。世代論に意味があるかないかということを超えて、その創造的な働きに言及していただいたと思います。

吉村：おっしゃる通りです。僕たちから「君たちはこういう世代だね」と言われたら多分イラっとしますよね。だから、こちらからはあまり言いたくない（笑）。でも、ある時ある瞬間同じ場所にいた事実は確実にあって、それこそ歴史家が語るかもしれないこと。本人たちも、作っているものが全然違っても今この時代と向き合い、何かしらのエッセンスみたいなものは出てくるはずだし、ここで出会ったことそのものがその世代を作るきっかけになるかもしれないと思っています。

倉方：藤本さん、以前に委員長をされた際はどう選考しましたか？ あるいは、今の言葉を受けて思ったことでもお話しください。

藤本：2015 年のことなので、実はその時どう選んだのか全然覚えていないんですよ（笑）。一方昨年の面々を思い返すと、建築はいろいろなアプローチがあるのがやはり面白いよなと思ったんです。僕たちは割と世代で括られることが多かった気もするのですが、例えば 2005 年前後、U-30 のような扱いで吉村さんや僕たちが同じ雑誌に特集をされたりしていました。しかし 15 年以上経ってみると良い意味で全然違うことをやっている。それは結構面白いことで、昨年もそれこそ昔の建築雑誌のような、建築コミュニティみたいなものに自分がどう位置付けられているか、みたいなのがあったような錯覚がありますが、世の中が、別に建築コミュニティのために建築を作っている訳ではないしねと、なんとなくみんな分かってきて、昨年の出展者はおそらくあまりそういう所を意識するよりクライアントに向き合い、さらにクライアントに向き合っているということはその背後にある社会や世間というものをクライアントを通して自分たちなりに理解しながら建築というものを一生懸命つくっている訳です。そうすると立ち位置というのはいろいろあるから当然それぞれ視点が違ってくる。そこが面白いところなのに、妙な建築論や、どこかで見聞きしたような言葉が入ってくると突然嘘くさく聞こえるなと去年のシンポジウムで感じたんです。同じような言葉だったとしても自分が読み取って、向き合ったりしていることから出てくる言葉は、借りてきた言葉とは重大な違いがあったんです。だからダイレクトに自分と建築とクライアントとその先の社会と世間というのが素直に繋がっていて欲しいなという思いがあります。そこからしかこれからの建築というのは生まれてこないのではないかなと思うんですよね。建築論の意味がないということではないのですが、そういうところからリアリティに根ざした建築の考え方を論理する必要はない。それでもどこか意図せず繋がりが生まれるようなものが見えたとしたら、それが世代とか時代というものかもしれないですね。僕たちも今 50 歳前後になり、クライアントを通して今の社会像や世界像みたいなものを当然見ているわけで、30 代の皆さんとメンタルは違うけれど世界は一緒なんですよね。ただ当然視点も違うし、バックグラウンドや地域、クライアントも違うから全然違う見え方になっているのは面白い。僕自身も 14 年前だったら、建築論を俺は打ち立てるぞ！ 皆をひれ伏せさせるぞ！ みたいなものがあったのですが、若気の至りですね。別に誰もひれ伏さないし（笑）。

一同：笑

藤本：しかも自分がこれは素晴らしい建築論だと思っていたものは、もっと広大な世界の中のほん

の一部のことをたまたま説明できていただけだったような気もするんです。それ以外の世界ではそれは当然通用しなくて良い話で、でも全然通用しないかというとそこで考えたものが何かまた少し変換して変化していって、適用できたり発展できたりするという楽しさはあります。やはり個別の中の世界、それこそ多様性というものに対して真摯に向き合っていくということなのかなと。こう言ってしまうと平田に、それでは何でもありになってしまう、いや俺は納得いかない、みたいなことを言われそうだな（笑）。

倉方：否定から入るスタイルで（笑）。

藤本：平田は永劫の建築論みたいなものがあると信じている・・・と言ったら怒られるかな？

一同：笑

藤本：僕も、昔は永劫の建築論に我々は近づいて行くんだ、ということを一瞬やっていたんだけど、いや違ったかもと。それは挫折でも何でもなくて、世界はもっと広かった、それでもっともっと面白くなったということなんです。だから別に何でもありということではなくて、個別のプロジェクトでクライアントに向き合う中で、必ずその先に透けて見える何かがあったり、それも含めて皆さんが掴み取ろうとしていたということ。その方が入り口が近かったり、そこで微かに掴み取られた世界観や社会観みたいなものを僕らも共有できると思うんですね。状況の全く違う自分のプロジェクトに対しても何かしらのインスピレーションになってくるのではないかなという気がしています。個別の状況が真摯に湧き上がってくる感じと、その先の何かが共有されるかもしれないということに期待したいなと思います。

倉方：15 年の年代差に何か違いがあるとすると、「建築界」という、建築で論じたくなる共通の地平みたいなものがかろうじてまだ我々の時はあって、今はそれがないというのがまずあるのではないか。普通はなんとなくマイナスに捉え、建築論がないと建築界ではないみたいなことを言われるけど、個別のものというのは社会に属しているように真摯に向き合うことでもっと大きな共通性、先ほどの吉村さんの言葉で言うと持続的な探究力というものがむしろできる。個別のものに論を貼っちゃうと持続的にならなかったりする可能性もあるということなのだと思います。藤本壮介さんは我々の世代の中で一番そういう性格を本来持っていて、個別のものの奥が未来ではないという感覚を昔から持っていた人だと僕は思うんです。だから最小限の住宅なのにいきなり大建築や公共建築の話になっ

たりするから、自然と興味が沸いた、それが藤本さんと最初に会った時の印象だったと、いま思い出しました。

藤本：皆さんの個人としての素直な意見を聞きたいなと思っています。遠慮しないで話してくださいね。喧嘩になったら来年のネタが増えるから（笑）。

一同：笑

板坂留五

宮城島：先ほどのインタビューで 10 年後何をやっていきたいかという話をした時に、それが全てではないんですけど建築論を書きたいと答えました。建築論が所謂ピラミッド上にあってそれを目指すという印象ではなく、それぞれの持ち場とかバックグラウンドで取り組んでいることを論にしてドライブしていく部分というのが、建築の設計をしてドライブしていくというのと同じようにあると思っていて、逆にバックグラウンドが共有されていないからこういうことをやっているというのが最初からピンとこないという状況があるような気がするんです。そう考えると同じ日本でも北海道だろうが東京だろうが大阪だろうが、あるいはもっと遠い国と共通項があるかもしれないし、やはりその場で、自分でドライブさせてきたことを論として書かないと伝わらない歯痒さというのも感じているので、そういった存在表明というか主張のために書くというやり方が僕にはありますね。

榮家志保

西原：僕たちの世代は初期からコンピューターがあって、なんとなく括るという抽象化を経なくても、個人個人がそれぞれ違うことをやっていてもなんとなく複雑性を持ったままそれぞれの状態が保たれているようにできるのではないかという考えがあります。だから世代で括るというところに対してはあまり興味がなく、する必要がないと思っているのではないのかなと思いました。僕も建築論を書きたいとは言わないまでも、モチベーションとしてはそういうモチベーションを持っています。それぞれ僕がメインストリームになるというよりは新しいオルタナティブを建築に落とし込んで出していく

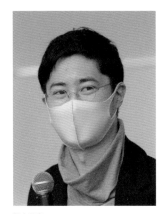
鈴木岳彦

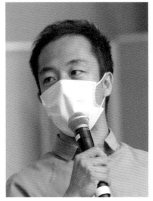
奈良祐希

ということをそれぞれみんながやって成り立っていくという世界になるのが面白いのかなと思いました。

鈴木：先ほどの藤本さんの話で、建築コミュニティ内の評価について個別のクライアントとの関係で建築を考えていることを肯定していただいたような話があったと思うんですけど、僕は割と藤本さんたち世代に対してのコンプレックスみたいなものがあります。例えばオフィス。理想では都市にオフィスがあること。でも実際自分は東京のはずれの住居兼オフィスで小さい赤ん坊の隣で仕事をしているみたいな状況です。仕事の種類も僕はずっと海外で働いていたことで、日本での人脈がないということもあるのですが、建築家とクライアントを結ぶようなマッチングサイトで初期の仕事を得るというような状況。そういうことに対してかなりコンプレックスがありました。ただそこを取り繕っていっても上手くいかないなということも分かったので、それまでの建築家が使っていなかったようなビルディングタイプだったりということもあまり否定せずに仕事としてやってみて、そこから何か今までになかったものが作れる可能性があるのかもしれないと切り替えてやっています。

倉方：榮家さんはいかがですか？

榮家：私は大西麻貴さんと百田有希さんの事務所に丸9年いて、今もパートナーなのですが、どちらかというと今の時代というよりも割と古典的なザ・アトリエ事務所で過ごした時間の方がものすごく長いんです。さらにパートナーをしながら個人の仕事もする、大学でも教える、という二足三足の草鞋を沢山履いて時々もう脱げてしまうみたいな感じがするんですが、自分が何人もいるみたいな気持ちです。一方ではアトリエを率いてゴリゴリ設計をして自分のスタイルを突き詰めていくことへの憧れはやはりずっと拭えなくて、ある1人のクライアントと対峙する中で、突き詰めてお施主さんとの関係の中だけで生まれてくるものというものを探したい。自分のスタイルを探すというよりも、お施主さんへの興味みたいな、人への興味から何かとんでもない特殊解が出てくるので

はないかという興味もあります。それは果たしてスタイルと呼べるのか、まだ何人もの自分をもったままいるというのが正直な現状です。だから建築論として打ち立てるべきかどうかということについては両方の自分がいます。

畠山：建築論に関して言うと、僕も吉野も建築論はすごく大好きですごく信じている部分もあるし、憧れている部分もあります。例えばルイス・カーンが言っている言葉にすごく励まされたりもするので、そういう意味で建築論というものは時代を超えて残っていくものだし、建築はもしかすると 50 年後 100 年後なくなってしまうかもしれないけど、その建築論は残るのではないかなと信じて、僕たちも 100 年後の未来の誰かに向けて励ますことができるような建築論を打ち出すことができればすごく幸せだなと思って頑張っています。一方で、確かに社会でのクライアントワークになった時に、建築論は全く必要とされていない状況も多々あります。でもそこは相反するものとしてどちらかを諦めるのではなくて、その両方をどちらも抱え込むような設計ができないかと日々奮闘しています。まだ成果も答えも全然出ていない状況ではあるんですが、諦めたくないなというのが思いとしてはあります。

奈良：今回はなぜか東京藝大を出た人が多いんですけれど、その藝大の教育カリキュラムは本当に建築家養成課題みたいなものがすごく多くて、君たちは社会に出たら建築家にならなければならないとずっと言われ続け、何しろ建築論を確立せよというくらいなんです。
僕が学部 1 年で入った時、六角鬼丈先生が最後の年で、新入生の訓示でそう仰いました。それで最初はすごく構えて藝大に入ったという経緯があるんですけど、その後にちょうど教授の先生方が入れ替わりで、藤原先生とか、いわゆる建築論というよりもネットワークみたいなもので建築を捉えていくような授業にガラッと変わったんです。

倉方：変わりすぎだ（笑）。

奈良：大学にいてそういうのを見たので、小さな社会ですけれど、これはもしかしたら社会が変わるきっかけを大学で見ているのかなという気がしました。でも六角先生が最初に言った建築論を自分なりに見つけていく旅みたいなものが建築家の人生だと言われたのが僕は少し残っていて、そういうものを見つけられるようなことができたら良いなとは思います。

倉方：確かに 50 年くらいの変化が一気にやってきたみたいな状況に立ち会えるのは、幸せですよね。このあたりで平田さんに入ってきてもらいましょうか。

平田：皆さんおめでとうございます。展覧会を楽しみにしております。今、建築論と社会性の対立軸みたいな話があって、僕も基本的には非常に共感します。建築論というものが社会性と対立軸にならないような建築論があるはずだと思っているんです。そもそも建築の一番初めの起源は社会的なものが発生するのとほぼ同時に生まれてきたものだと思うんです。だから建築のあり方を論じるというのは、根本的にはそこと不可分の関係にあるはずなんだけど、その論じ方が今の社会のいろんな物事の繋がりのあり方と少しずれてきているから、もう少しずれないように別の論を作りながら打ち立てていかないと、その 2 つの乖離が激しくなってしまう気がしています。それだけの話なのですが、それがなかなか難しい。しかし難しいからこそ面白いので、できるだけクリティカルなところに実験的に建築をつくっていきたいなと、なかなか上手くいかないんですけれどやっています。

倉方：平田さんが 35 歳くらい、ここにいる皆さんと同じ頃の自分の考えと、今考えたり実践したりしていることというのは端的にどういう関係にあるのか。変わらない部分、あるいは変化した部分をお話していただけますか？

平田：僕は独立が遅かったので、藤本くんのことは同級生で友達だったけど、彼は言ってみれば芸能界では 10 年先輩みたいな感じで、先輩に敬語を使わないといけないんじゃないかという感じでした（笑）。例えば僕が、伊東さんがこんなことを言っているんだけど僕はこう思う、というある種の対立軸を伝えた時に、藤本が僕の立場で聞いているというより伊東さんの立場で聞いているのに気づいたんです。

一同：笑

平田：不敵な奴だなと思いました（笑）。僕は 35 歳の少し前に独立したから、そこまで自分の中では長い時間が経っているんです。だから彼の独立の頃からの距離とは違うので、藤本くんが言っていることは、大分違うなと思っています。最初の頃は大分原型的なコンセプトというか、内的な論理をできるだけやろうとしていた感じで、それを一通り出し終えたと思っているのが 2010 年頃に書いた『建築は＜からまりしろ＞をつくることである』という本ですが、結局その本を書いたらその後は何をしたら良いのか、それがずっと続いてい

西原将

ます。だから社会的なものと建築論の乖離というのをもう 1 回建築論の側から再開始するようなことが一番面白いはずだと思っているというのが、2011 年の震災後の発想になっています。

倉方：吉村さんは、今のお話を聞いてどう思われますか？

吉村：僕は U-35 の世代の人たちがみんな建築論を書きたいと言っているのが心強いなと思いました。どちらかというとやはり震災以降というのは、僕たちも建築界全体も社会にいかに建築を開くかということの方に労力を割いてきたと思うんですよね。内に籠って論を書いているなんていう状況がけしからんという感覚が何処かにあったと思うんです。でも僕が大学で研究室を持って活動を始めると、段々建築論の部分が痩せ細っているというか、大学生、大学院生たちと話すとそういうハードコアな議論がすでに難しい状態になっていたんです。だからそろそろ、建築論をしっかり考えることは非社会的ではないという、平田さんの話もそういうことですけれど、建築という文化とか歴史みたいなものを僕たちがきちんと延命する義務もあるのではないかと思っています。これからも単に社会的な存在の建築も建ち続けるんだけど、でもそこから僕たちが取り組んできた、愛してきた建築みたいなものが下手すると消え去りかねないみたいな状況を危惧していたので、今日は皆さんが建築論を書きたいと言ってくれるだけで感動的だなと思いました。

倉方：今日皆さんの話を聞いていて、本当にザ・建築の話をしているというか、初源的なものについてお話ししているので、そういう意味では議論が古代からあったとしたら、それも含めて自然なんだなという感じがしました。社会と議論と建築家の対立みたいなものが今年は良い意味で感じら

れません。あと、今年が画期的だと思うのは、震災というものが明示的にも暗示的にも語られなかったことです。U-30（現 U-35）が始まって初めて。

板坂：私は藝大の中山研究室を出ていて、藝大の教育をバチバチに受けていました。その時、私の中で卒業設計がすごく転換期となっています。建築論をして、卒業して修士に行くんだと思っていたらなかなか手が動かなくなってしまったのですが、その時に乾久美子先生がまだ藝大におられて、もう論だけでも良いし、論と形を無理やり紐づけなくても良いからとりあえずやり切りなさいと半ば放置されたんです。それで思い切って論が分からないまま形を乗せたら学外の人からすごくレスポンスがありました。自分がつくることというのは学校の中だと自分で全部話し切らないといけないと思っていたんですけれど、つくることでどこかの誰か知らない人が勝手にいろいろと言ってくれるんだと思って、それがすごく楽しかったんです。それで実際に修士でやった実家のプロジェクトも、自分で論とかスタイルとかがまだ何もない人が、設計のプロセスでいろんな人のリファレンスを持ってきたりするとどんどん自分がばらばらになってしまう感じがしてつくるのが難しいなと思っていたので、できるだけ言葉を使わないように、現場現場で判断するみたいなことを楽しんでいったんです。だけどできたものを見た時の反応がまた同じように返ってきて、それがすごく楽しかった。もちろん自分でこれはどうだったかを論じてみようというのが今回の機会なんですけど、今の時代ならではと言って良いのか分からないのですが、つくって見せればすごく反応があって、論じたい人がいるし、それを別の表現にしてくれる人もいるというネットワークから、友人関係だったり、たまに全然世代が違う人に届いたりすること。そうやってつくっていくのがすごく楽しいと思っている段階ですね。今自分は一人でやっていて、研究室とか事務所内で話す相手とかがいないので、できるだけそれを外につくっていき、いろんな分野の人と話して進める循環をつくりたいと思ってやっていますね。

吉野：先ほど畠山が言ったように、僕たちは建築論をしっかり作っていきたいなと思っているんですが、無理やり現代性の話に繋げると、建築事務所のあり方というのが少し気になっています。アトリエ事務所と呼ばれるような事務所を構えているということは論をつくることだと思っているんですけど、僕の師匠の長谷川豪さんの事務所みたいなものづくりの仕方をしていきたいと思っている一方で、もう少し会社として社会性を持っていかないと淘汰されていくような気がするんです。だからその両立をどうすべきかということを抱えているのは結構同年代でも多いのではないかなという感覚があります。

倉方：今言われた社会性というのはどういう意味の社会性ですか？

吉野：経済性みたいなことですかね。

倉方：きちんと食べて、労働時間をきちんと守ってといった。

吉野：僕たちは建築を学べれば他のことはどうでも良いくらいの気持ちで建築家を目指していた最後の世代ではないかなと思うんですけど、今の学生さんの話を聞くと労働環境とかを気にされるというのが現況としてあるので、そういう環境をどう整えるかというところで、経済性みたいなものはきちんと向き合わないとやはり建築をつくっていくための環境をつくれないのかなと思います。

畠山鉄生

西原：先ほどの話と少し前の建築家像の話をもう一度したいのですが、今の建築家像というものはいわゆるスター建築家で華々しい経歴があって、安藤さんのような破天荒なエピソードがあるという映画みたいな経歴だけではなく、例えば Twitter やインスタグラムで今何をしているかが分かるような時代ですから、生の建築家自身そのものが出ていて、それを良いなと思う人が多いのではないかと思っています。それが個とか運営みたいなものと繋がると思っています。経済性の話については僕自身、子育てをしながら設計をしていて兼業主夫建築家と言っているんですけれど、いわゆる 10％で設計料を出すのではなく、月いくらという計算でスケジュールを出して公開し、どういう仕事をやっていくかを進めていきたいなと思っています。経済性もそれぞれが考えていろんなパターンを出せば良いなと思っています。

吉野太基

宮城島：僕はそういうネガティブなことに気付いていないだけかもしれないですけど全然感じたことがないんです。それこそ世代的なバックグラウンドかもしれないですけど、大学を卒業する頃にリーマンショックが起こっているし、94 年の地震も自分たちが小さい時に起こっているし、基本的

宮城島崇人

に今までずっとあったものが崩壊していくようなことを成長と共にずっと見てきている感じがあります。だからある意味そういうものが崩れていくことに対する変な悲壮感もないし、地震が起こったりコロナが起こったりしても大体思っているようなことが起こってきているというような感じです。だからどんどん崩れていく少し古いシステムをどんどん構築していかないといけない状況ですが、それはポジティブに建築家も参加するし、いろんな分野が参加するところだと思っています。北海道大学のツーリズムスタディーズというところに乗り込んで、建築を考えるということをやっていたんですけれど、町の人だとか役場の人とかと話すときに普通に建築論や、建築の自立的な価値とか知恵とかを結構ダイレクトにぶつけて、そのディスコミュニケーションの先にあって初めて次に進めるみたいだったので、建築論と社会との対立を全然感じたことがないんです。

倉方：地域というか、大地の性格もそれに良い方向に働いている。釧路出身で北海道大で学んで今、札幌におられる。その中で建築と社会の関係性を、自然に成り立たせているのかもしれません。

鈴木：僕は今宮城島さんが言われたような、あるクライシスに対してそんなにネガティブにならないという部分に共感できるところがあります。僕自身がこれまでの 2 回の震災を直接は経験していないということもあって、今回のコロナ禍で初めて自分も当事者になったような状況なんです。でもこのコロナ禍によって建築が違う姿になるのではないかということはあまり深刻には思っていなくて、むしろ良いきっかけではなかったかもしれないと。結果的にこれまでの均質な空間や、それを支えていた均一な社会のシステムみたいなものが、建築家だけではなくて一般の人々が全体として認識するきっかけになって、空間の使われ方が一般のレベルで結構変わったと思っています。そういう意味で、建築家が行う新しい空間というものの提案がしやすい状況になるのではないかなと思います。

榮家：現代性についてですが、私は姉の住宅を設計して、初めて、しかも家族に自分の設計するものを伝える時に、言葉をその人に合わせたり、分かりやすく説明しないといけないと思っていたんです。あるいは設計をする時には、建築家には建築家への言葉で説明をしたりすると思うんです。それで住宅にははしごをかけないと行けないような場所があるんですけれど、私はその空間は絶対に必要だと思

っている場所で、それを姉にそのまま、「よく分からないものはあった方が良いと思う」と伝えたら、姉が本当に素直に、「確かに家の中にはよく分からないものがあった方が良いよね」と言ってくれたのです。私はこれがとても現代的で、かつ今の姉だからそれを良いと言うんだと思ったんです。姉と姉の旦那も、秘密の場所みたいなものはあるべきだ、解決しなくて良いというような言い方をしてくれた。設計する中で解決しなくて良いものを置いといて良いよと言う人が現れているということは、今の時代なのかなと。少し前だったら絶対全部解決しなさい、宿題です、みたいになるのが実はそうならない世界に今来ているのかもしれないということを言いたい気がします。

吉村：僕は先ほどみんなの展示に少しコメントをして、そこで分かりやすくして、分かりやすくしてと言い過ぎたかなと反省しながら聞いていたのですが、展示の中にも確かに分かりにくい部分というか、家を再現できるわけではないからある種の抽象化をして分からないところもあって良いと思うんです。ですが今の宮城島さんと榮家さんの話は、興味を持っている人には僕たちの話が通じるけれど、展示の計画は興味を持っていない人にもある程度伝える必要があるということ。それが建築の面白いところではないかと思うんですね。興味がない人が入ってきてしまったりする状況でその人の興味を掻き立てることができるというのはインターネット上ではすごく難しいんです。インターネットというのは興味があるところばかりが出てくるものなので、そこの関心は素人でもどんどん深まっていくんだけど、実空間にもし可能性が起こっているとすると何の興味もない人が見たくもないけど見てしまうということだと思うので、その時にどれくらい力を持っているかというのは展示の計画の際は考えていて欲しいですね。

倉方：まさに実空間こそ互いに理解し合える、それが建築といった感じが根っこにあるので共感されたと思うんですね。それで奈良さんに聞きたいことがあるのですが、奈良さんは陶芸の家に生まれて、建築をやり陶芸家でもあり、でも先ほど話しているとあまり陶芸家っぽくないなと思ったから聞いてみたら小学校から高校までずっと野球をやっていたそうで、何か納得しました。

奈良：陶芸というのは、先ほど吉村先生がおっしゃったように興味がない人でもそれを見たら何か会話をしようとしてくれるんです。造形物で結局自分が好きなものを作っているわけですけれど、どうやって作ったんですか？とか、見てくれる鑑賞者から能動的に関わろうとしてくれるとずっと思っています。でも建築は、特に陶芸を見に来た人に聞くと難しくて分からないと。それが 2 つをやっていて核心的なことだと思っています。これは大学の時も思っていたんですけど、先生の前で皆が難しく語ろうとしたり、難しい言葉でそれを抽象化してぼやかすことがありましたが、そういうことではなく、やはり建築というのも大きな意味で言えば造形物ですから、僕は形で訴えるものだとこの時代でも思っています。もちろんいろんな建築論はあるのかもしれないですし、僕はまだ美学というものを信じていたいなと皆さんのお話を聞いて思っていました。

板坂：実家をやったので、特に母はずっとやっていることを知ってくれているものの、ダイアグラムなんかを見せても分からないからずっと伝えていませんでした。修士の制作でやっと要件とかを聞くのですが、その時にやっと初めて、町で見つけた形とか風景から建物を作るんだよという話をしたんです。それで具体的にどんなものを使うかを話すんですけど、理解はできるけど模型で見せてもそれが良いか悪いかの判断は想像がつかなくて、母親をなんとか説得しようとたくさんスケッチを描いたりしましたが、一番面白かったのは現場が始まってからでした。鉄骨を使っていてそれが構造にはなっているのですが、母親的には冷たいしいつも吹きさらしになっているのを見ているから、ああいうのが室内にあるのはちょっとなあと言っていたので、上から仕上げの石膏ボードを貼っていくんですけれど一部分だけ見えた柱があって、その部分もできるだけ隠そうとしていたんです。でも最後に「意外と綺麗やん」と言い出し、触ったりして母親の中の気持ちが変わった瞬間があったんです。結果的に見せる意匠を、実際に安い材料だけど少し加工すれば手触りが良いテクスチャがあるとサンプルを見せたりしても実感してもらえなかったのですけど、仕上げが出来ているのを触ってすごく良いと、自分が思っていたよりも感情的になっているのを見て、その体験をしてほしいなと思ったことが陶芸の話と繋がっていると思いました。この体験では気付きが少し遅いタイミングになってしまったんですけど、それを前進させられたりスイッチがあるということを気づかせたいと思っています。展示で必ずしも感触が伴わなくても、身近なものであり気持ち良いも

のだと思うタイミングや入り口をつくるイメージで、展示でも面白くつくりたいなと思っています。

倉方：2010 年代の人間のコミュニケーションやワークショップを含めての話ですが、平田さんもまさに社会性を含んだ議論と対立しないという中に入るかもしれないと思うんですが、ユーザーを含めてどう絡めていくかについてお聞きしたいです。

平田：直接はそんなに近い話ではないと思うんですよ。ただ、よく考えるとどこか通じるなと。それがこの短いトークの中でうまくまとめられるか自信がないのですが、最近まちづくり、再開発に近いことに関わる機会があって、物事の決め方がクリアであればある程つまらなくなっていくという宿命にあるものをどうすれば良いかと最近考えているんです。街を歩いていると本当に不思議なものがいっぱいあるんですね。僕たちはなぜここからここまで建物だと認識しているんだろうと。例えば非常階段やダクト。あるいはガレージのシャッターのガイドレールだけ道路側にはみ出ていること。それが意外と街中につくられているのに、見ないふりをするフィルターがすごく強固に自分の中に形作られていること。

平田晃久

平沼孝啓

板坂：分かります。勝手に解釈していくということですよね。

平田：自分との繋がりが出来る瞬間は、自分の外側に広がっている世界の一部として取り入れられるし、住宅などの生きている空間を考えると、意外にそういうのが重要だったりする気がしていて、それは街をつくる時でも同じかなと思うんです。つまり僕は今の話を小さな身体レベルのスケールだけに限定しないで広げたいのだなと思っているので、どこか通じるなと思いました。その中でワークショップの話は半分修行のように感じています。建築家があるプログラムを与えられた空間をデザインする時に、思っている枠組みみたいなものと全然違うところから話が出てくることによっ

藤本壮介

吉村靖孝

て、自分はこうだと思っていたんだけど、こういう風には思われていないなというのを自分の中に取り入れるうちに、最初は簡単には自分の世界観は変わらないんだけど少しずれることがあって、何となく見たことがないようなものを自分との関係の中で発想できるような気がしてきています。その時には新しい世界に接している、つくっているという刺激があって、ワークショップをしたから社会とすり合わせをしたということではないですが、その経験によって自分のこれが建築だと思っているものの境界線みたいなもののところにそれを広げるような経験として必要だと感じた時、そんなものに触れられたなと思った時には、これは良いなと感じます。難しいですが。

板坂：私はワークショップを開くというのは人の繋がり的にも形の展開的にもどんどん外に広がっていくように作るためにやっているのかなと思っていたりしたんです。だけどどちらかというとどんどん境界を詰めていくみたいな作業なんだなと思うと、あり得るというか、むしろそうだなと思いました。

畠山：街の風景ということに対して今回展示する建築とは違うプロジェクトなんですけど、八代平野の田園風景が広がる綺麗な場所に住宅を設計していて、とても綺麗で広大な田園風景の広がりがある中で、その軸とは全く関係なく九州新幹線の高架が通っていて、それが敷地から 100m ほどのところにあるのでものすごく目につく物体として存在しているんです。最初は高架を否定するというか、あまり見られないよう目隠しをするように設計をしていたんですが、その場所に対して建ち方として全然良くないというかしっくりきていなかったんです。それである時むしろ高架を受け入れるというか、そいつに向き合ってあげるような形態を取り入れてあげると、その瞬間に高架までが自分の敷地になるような空間体験が得られた。確かにそれだけを見るとあまり美しくないものかもしれないけれど、そこをうまく建築が取り持ってあげることによって全く違う風景を広げることができ、受け入れてあげることができるんだなということを感じているところです。

宮城島：今の小さなものに対する眼差しとか、ワークショップのそういう関係性で見た時に、僕が自分でしているプロジェクトで現代性の 1 つでもあるなと感じるのが、クライアント側から学ぶことが多いということです。元々の計画学的なビルディングタイプが強くて、それに対してカウンターを考えるというよりは、そもそもそのクライアントが、それは普通の家族でも良いんですけど、イメージしている生活像とか建築のあり方自体もっと曖昧に、一体何が建ち上がるんだろうというところから始まることが多い気がしているんです。それを何世代住宅というのか家と呼ぶ方が良いのか、そんな状態の中でクライアントの生活の仕方とか価値観、あとは産業に関わるものをやっている時は酒作りとか、サラブレッド牧場の生態系とか、全く分からないのでそういったところから現代論を構築できるかということで学んでいきながら、0 からその場所で組み立てていくようなことが多い様な気がしています。そういう背景がもしかしたら現代に残っているようなことなのかなと思いました。

吉野：僕は 2011 年が卒業の年で、それまでは審査員のみなさんが華々しくメディアを飾っているところで建築を学んでいました。そこで震災があってどうやらこのままではいけないのではないかという雰囲気になって、僕はその後藝大の乾久美子さんのところに行き、大学院に入ってまず乾さんに言われたのが「何を信じて建築をつくっていけば良いのか今は分からない」という告白みたいな言葉でした。手探りで良いからリサーチをしたいので手伝ってほしいというような感じから入って、ギャラ間で展示させていただいたようなマノニマスな、でも人々が心から求めている場所は何なんだろうということを題材にし、それをいかに建築に取り込むのか、もちろんリサーチサーベイなどは上の世代の方もやられてきたと思うんですけど、宮城島さんが先ほどおっしゃったようにクライアントを信じて一緒にものを作っていくという感覚は共通してあるのではないかなと思います。

倉方：最初に理論という話から入って、平田さんに社会性というものは対立するものではないという筋道を示していただきました。理論というものをつくるのに時代性というものを仮に意識した時、より社会全体を理解させるものであると思うんです。なんとか設計法という名前を付けたり、短絡的にするという前の世代とは違って、これが理論だという言い方をする人がいないということを肯定的に前半は議論を進めていました。社会が変動しながら昔からあったものを明らかにしていくように社会が動き、それを解釈するのは現代性だと仮にでも考えてみて、新しい理論を持って新しい社会性を理解していくという回路だと思うんですね。

吉村：ここ最近学生たちと鳥小屋の設計をしているんです。すごく小さな鶏の 1 羽 1 羽に 1 個 1 個の

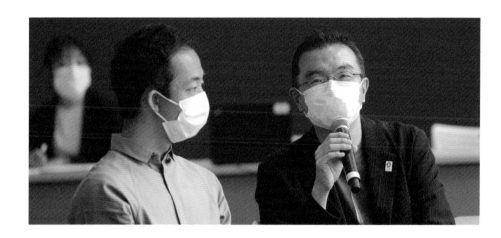

部屋を作って、しかも 1 つ 1 つのデザインとか大きさが違う小屋を作る。最近鳥インフルエンザがすごく流行っていて、1000 万羽くらい殺処分されているのですが、大きい鶏舎にたくさん鳥を詰める渡りゲージというもののせいで感染が広がって、鶏舎の大型化に抗うことはできないかということで小さな鶏小屋を設計しているんです。そういう話をこの間 GA の杉田さんとしていたら、今までの建築は人間の建築すぎると。20 世紀の建築というか、今までの建築の言語は人間のために開発されてきたので、建築家は人間の場所以外をつくる能力が弱い。例えば図書館は人間が本を読むための場所でもあるが、本というもののための場所と言い換えることも出来て、その視点で語り直して、読み直して行くとまだまだ建築にはできることがあると。建築の対象が必ずしも人間ではなくなってくる状況がもしかしたらあるかもしれなくて、コロナは今まで全然意識していなかったことが意識されていて、人間中心主義から少し目を別のものに向けていくきっかけとなっているかもしれないなと思っています。現代性と言われると人間のための建築ではないものを考えていくことになるのかなと思うんですけれど、今審査員で「人間の家」というコンペをやっているのを思い出しました。

倉方：人間の家、菊竹清訓さんが出しそうですね（笑）

吉村：それももう一度考え直すきっかけになるのではないかなと思います。

平田：モダニズムの時代も、結核が流行るのに対して埃が全く溜まらないという衛生の概念で、サナトリウムの美意識などの、時代の要請とある種の美意識とがうまく共有した時に特殊な表現が浸透していったので、今日におけるコロナの周辺の話もどう変わるのかはもうすこし時間が経つと分かると

思うんです。人間の免疫機能が落ちるため、何でも殺菌滅菌すれば良いということではない。基本的に生態には常在菌や他の微生物との共生みたいなものをやはり考えていかないといけない。それを自分たちで発見するため 10 年単位でやっていくテーマだと思うし、今やっていることと繋がることだとも思います。それはそれで面白いことだなと半分客観的にそこに関われないかなと思っています。

倉方：確かに主体が多数な感覚はありますね。一言で言うと ecological design ということです。調整していくしかないとも言えるし、逆に調整していくことでドラスティックに土木的なスケールに変わるかもしれないという感覚ですよね。今年の卒業制作はそういう設計が多くて、コロナだからというよりも、思想的な転換があるのかもしれません。

藤本：コロナで選択肢が狭まるということは人間にとってあまり良くないことだと感じています。近代にある程度機能的な整備をしたわけですよね。機能主義で建築を考えてそこそこ上手くいっていた。しかし人口もものすごく増えたし社会のシステムとしてある程度標準化していかないと回らないようなところがあって、人間は割と柔軟に対応していた。だけどコロナで、機能に対してある部屋があったり整理されていたことが、とたんに選択肢が狭まるという状況に変わった時に、実は不要な整理整頓は人間には向いていなかったのではないかと気づいたんですよね。恐らく 20 世紀後半くらいには何となくみんなが気づいていたから、建築家もいわゆる 2LDK ではない家を作りました、みたいなことをしきりに試したわけじゃないですか。メディアテークにしてもふにゃふにゃした空間を作ったらいろいろなことに使えます、ということを提案したし、結構リアリティがあった。というのは、やはり人間というのは潜在的に、変に整理されているというよりはもう少し柔軟に自分が使えたり自分の場所が見つけられる方がおそらく向いている。そうすると残りの部屋とか、例えば建物と道とか都市とか家具とか、そういう大きなくくりで、暫定的にそうしておいて、便利だけど区切りがない方が良いのではないかなと思い始めています。ランドスケープとか自然と建築物もそうなんですけど、便宜上それぞれを整理整頓していた区分けみたいなものも、もう少し溶けあっていくと良いのではないかなと。恐らくある程度成熟した状況になってくると、人間本来の欲求みたいなものと機能的に整理整頓していくという齟齬が目立ち始めていく。それは場所の作り方としてきちんと真摯に受け止めて考えていかないと、ほったらかしておくと結構良いことがないのではないかなと思います。みんなが考え始めることが、ようやくリアリティを持って次の一歩になれるのではないかなと。ある種の彩度、多様性を内在しながらも、その間に微妙にある曖昧なものから可視化された社会を作っていくとしたらどういう建築の作り方になるか、そこからが建築論になるかもしれないですね。建築と道といった時に、その間もやはり確かにあるはずで、そういう意味

では多様性という流行り言葉なんだけれども、でも実は何かの本質を突いているような言葉とも連動するなと。当然それは全てが繋がりながらインターコネクション、インターリレーションシップをつくっているという、いわゆるサステナブルなものとか持続可能性とも連動するものだと思うんです。無理やりその世界をターニングしたいわけではないんだけど、大きくはそういう視点で建築と世界の関係、それはコロナによって概念として頭の中にあるのではなくてリアリティとして顕在化してきたのではないかなと思っています。

倉方：見事にまとめていただきました。建築家は多様性をつくるものだという一点でみんな共通していると。コロナによって、多様性という真理がどういうことなのかが共通科目として顕在化した年だと今年の展覧会で自覚しました。

藤本：でもおじさん達がこうやって偉そうにまとめようとすることに対して、やはり若い世代は抵抗を感じているような気がするんですよね。何となく今、無言の抵抗を感じていますが（笑）、でもそれこそがやはり価値があることなんですよね。

倉方：まだ半年あるので、半年で対策を考えてディスカッションに臨んでいただければと思います。

平沼：すみません、時間なので最後にみなさんに一言ずつ頂きたいと思うのですが、ここで、今日みなさんにゴールドメダルと共に最高のご褒美をご用意いただけるかどうかを後ろで判断してくださっている山下 PMC の高木さんに少しコメントを頂きたいと思います。元建築学科なので建築のことをご存じで、山下 PMC さんに「平沼さん、お金が欲しい？仕事も欲しい？」と聞いてくださったので、もちろん仕事を与えてあげてほしいと伝えてあります。規模など未定ですが、高木さんが仕組みとして作ってくださって、できれば毎年ゴールドメダルを取った人に 1 つのプロジェクトの設計者優先権をいただけるようにして欲しいと思って、今日聞きに来ていただきました。良いことも悪いことも含めてコメントをお願い致します。

高木：皆さん改めましてよろしくお願いします。あくまで私の参考意見として感想を言わせて頂きます。まず建築論ということは非常に大きなテーマだったと思うのですが、実業の世界で私の持っている印象では、建築論的な思考というのは絶対必要だと思っています。それは、建築家にとっての内的自己意識なのではないかと思うからです。自分とどれだけ向き合って会話するか、その結晶が建築論で、それは恐らく 40 代 50 代ではなかなかできるものではないと思うんですけれど、その

志向性を持っているということはすごく大切なことです。デザインというのは解決しがたい課題に対して解決を提示するもの。一方アートというのはむしろ解決を提示するというよりは問いを突き付けるもの。問いを突き付けられる必要というのは、社会そのものにあって、問いを突き付けるためには、強固な内的自己意識、それは内省に内省を重ねていくもので歳をとっていくとどんどん成長するものだと思うのですが、そういうのは絶対に必要で、そういうものがなければ日本社会そのものが成り立っていかない、瀬戸際に来ているなというのが私の実感です。そういう意味で皆さんに何か協力できるかもということでお声がけしました。うまくいけば私自身が抱えている課題そのものに対する 1 つの助けになるかもしれないという期待感があって、手を尽くさせていただくことになるのではないかなと思います。

平沼：高木さん、公共建築を 1 つあげて欲しいなって思っているんです。

一同：笑

高木：民間の方がこれからのスタイルになっていくのではないかと思っています。なぜかと言ったら公共には金がない、人がいないということ。多分次の日本の社会課題になってくるし、建築的にも大きなうねりになってくると思います。なぜできなかったかというと、お金にならないからなので、それをお金になるように仕立てていくということが私の仕事です。少し難しいのでできるかは分かりません。事務所の経営、社会性という話をされていましたが本当にその通りなんですけれど、建築設計そのものというのはボランティアでやるものではない。社会全体を動かしていくバリュー

チェーンとしてしっかり認められなければ建築そのものというのは持続的な職能になっていかないんです。持続的な職能にならないということは社会の中でいらないということ。バリューチェーンとして認めさせるためには設計事務所であり、設計事務所の経営というものをきちんと確立する必要があります。それはもしかしたら設計料という仕組みではないかもしれない、ということも含めてやることはたくさんあると思います。私も今日この場にいて思いがけず宿題をどんどん背負わせられているような感じですが、皆さん是非頑張ってください。

平沼：ありがとうございます。では半年後、10 月 16 日楽しみにしています。それでは時間が来たので U-35 の出展者の方たちに一言ずつお話をいただき、その次に藤本さん、そして今日駆けつけてきてくれた平田さん、今年の審査員長の吉村さん、そして総括として倉方さん、締めていただけますか。

宮城島：こういうところで自分の考えていることを披露したりすること自体が非常に少ないので、発表できる機会がすごく嬉しいですし、人と地という形を表現していくことに全力を傾けて何かを見つけたいなと強く思いました。ありがとうございます。

吉野：皆さんがそれぞれ考えられておられることを通して、建築だけではなくて、建築周辺、ランドスケープを建築そのものとして捉えたり、いろんな価値観が出てきている中で建築を設計しているんだなと改めて思いました。その中で自分が大事だと改めて思うことは、周辺との関わりや内部の新しい関係性を発見するための建築の形式というものを、周りを考えすぎるあまり建築そのものを棚にあげてしまうのではなく、建築そのものがどうあるべきかというところで、ともかく形式な

りをつくっていかなければいけないなということを個人的に思ったところです。

畠山：僕もこういう場がかなり珍しくて、先輩方や同世代の方とこうやって議論できたことが、その通りとめちゃくちゃ思うことも、いや全然違うんだよと言いたくなることもいっぱいありました。それが 10 月の展示で、またはシンポジウムでどういう形になって現れてくるのか、僕たち自身も周りの人たちも楽しみだなと思いました。ありがとうございました。

西原：主体性の話ですが、コロナ禍で苦しんでいる人には申し訳ないですが、そこまで大きな問題とは思っていなくて、倉方さんが仰ったみたいに外に主体性があるような気がしています。むしろSDG's とかそういう社会的な事実を突きつけられている時に、そういうことを知ってしまった自分に対して建築で何かをしないと、という思いが強くて、その主体性が僕の側にあるなと最後に思いました。ありがとうございました。

板坂：何となく雰囲気を共感したり、疑問を感じたりしましたけど、半年後にモノの前でそのことを話せることがすごく楽しみです。自分も良い材料を持ってこられるように頑張りたいなと思います。その時までに自分の立場を練っていきたいなと思って楽しみにしています。ありがとうございました。

榮家：最後に多様性のお話の中で思ったのは、いろんな人だったり、モノ、いろんな主体が同時にあるという多様性だけではなくて、そこにいる当人が自由に色々な自分になれるという意味での多様性に私は興味があるので、展示では同時にそういったことを考えたいと思っています。ここにいる皆さんが既に本当にバラバラだなと思いながら、展示で案と一緒に再び皆さんに会えることを楽しみにしています。ありがとうございます。

鈴木：今日はありがとうございます。現代性について、僕自身も建築の勉強を始めてから割と都市と建築の関係ということを主に考えてきたのですが、これから個人が世界とか地球規模で直接に対峙していくような関係性の時代になっていくと思うので、そのきっかけの 1 つにコロナがあるかもしれないけれど、個人が地球規模の関係性を持った時にどういう建築が生まれるのかということを個人的には考えたいなと思います。まだ予感的なものでしかないですが、そういうことを今回の展示に向けてやっていきたいなと思います。どうぞよろしくお願いします。

奈良：今日はありがとうございました。先ほど藤本さんがコロナで近代の考え方が揺らいでいて、

今まで断定的に捉えていたものがどうしたら良いのか分からない現象が起きているというお話をしていらしたと思うんですけど、僕はコロナでそもそもの芸術、ものづくりの境界自体がかなり揺らいでいるような気がしています。建築というそもそもの多様性は建築内にとどまる話だなと。もっといろんな芸術とか工学と交わっていくことが未来なのではないかと思っているので、今回このようにみなさんが集まって、きっと答えのないことをずっと話しているのだと思いますが、10 月の展示でそれぞれがそれぞれの建築の多様性をみんなで膝を突き合わせて話して 1 つの大きな成果を作れるように精一杯頑張りますので、よろしくお願いします。

藤本：みなさんの提案が何かしらの現代性を宿していると思うので、本人が意図することもあるし意図しないで現れてくるところも確実にあると思います。そういうことも含めて色々見られると面白いのではないかなとすごく楽しみにしています。

平田：建築は時間の中で生き残っていくのだと思っています。僕のクライアントが 1995 年に岸和郎さんに家を頼んでいて、この間設計をするにあたってその家を見せてもらったらものすごく綺麗に残っていたんです。それを見て、設計の中で直接すごく共感するほど近い建築を作っているタイプの人ではないと思っていたのですが、なぜか結構感動したんです。これは直接自分が考えている理屈ではありません。変な繋がりを見せながらお互いにコミュニケーションするみたいなそういうものでもありえると思います。この機会というのは本当に素晴らしいなと改めて思っているので楽しみにしています。

吉村：感染者数が増えていますが、オンラインを混ぜながらやるのは嫌です。この U-35 で行われるのは、同じ場所を共有して、そこで交わす会話がすごくフェアな会話です。お互いに同じ時代に建築を作るものとして対話が成立するというのは本当に素晴らしいことだと思うので、ぜひ開催できれば良いなと思っています。頑張りましょう。

倉方：今日は長時間ありがとうございました。人間という主体の力強さ、その裏方のようでありながらもしっかり建築という場を作っていくというのは建築家にしかできないこと。それを今日は強く感じました。今日は無事に開催でき、直接に会話ができてよかったです。ありがとうございました。

一同：ありがとうございました。

2021 年 4 月 2 日

本展・展覧会会場（大阪駅・中央北口前　うめきたシップホール）にて

essay | AAF

セカイのニッポン、未完の美

　幕末、鎖国から開国へと大きく舵を切り、明治という新たな時代を歩み始めた近代の日本は、目新しい西洋文化をこぞって取り入れた。この事態に、美術行政家・思想家である岡倉天心は、新しいものを取り入れるために目が向けられなくなった日本の美術に光を当て、逆に西洋人に向け、日本古来の生活様式から文化を映し出した茶道を、仏教、禅、道教、華道との関わりから広く捉え、日本人の美意識や文化を解説し、「伝統美術・建築、日本」の価値で唱えた。1906 年にニューヨークの出版社から刊行した岡倉天心の著書に、"The Book of Tea" というものがある。これは英文で記されたもので、天心は日本の美術や文化を研究・継承するだけでなく、当時蔑まれがちだった日本の美意識を素晴らしいものだと、ブームの発祥地、西洋へ向けて発信した。この著書の中で天心は、「茶道は本質的に不完全なものへの崇拝である」という美しさの本質から、現代にも通ずる「不完全なものこそ美しい」という概念を合わせもつ、日本の美意識について述べている。「茶室、すなわち数寄屋は単なる小屋で、それ以上を望むものではない。〜 不完全の美学に捧げられ、故意に未完のままにしておいて、見る者の想像力によって完成させようとするがゆえの『数寄屋』である」と記されている。つまり、本当の美しさは不完全な物の状態で、多くの知見を蓄えられた人の解釈と人の心の中でその美しさが見出される。そして不完全な物には、人の想像を膨らませる余地があり、その余白の世界に入り込むことができる。そこに人は魅力を感じ、高揚し、自らも創り上げる創造の余地に、感動しなくてはいられないのだろう。

　今日においても余地・余白といった手を加えない部分は、手を加えてつくったものと同じか、それ以上に重要視されている。表現されたそこにあるものだけではなく、そこからどれだけの世界観をもち、広げられるかを期待されているということだ。本来、利用者への利便性や自由な行動を促し、いわば余白を設計しながら空間に感動を生む目的でつくられる建築を、ただ利潤を求めた仕事や、運営側の合理性を求めた業務ではなく、自発的に人間がつくる建築には必ず幾つかの思いがある。それは大小関わらず「建築」という言葉で示される空間、全てにおいてだ。人はそのつくり手の想いを目に見えるものからだけでなく目に見えないものからも感じ取り、創造を膨らませて使い、守ることで、建築としての生命が宿るのであろう。つまり設計者は、人々のあらたな行動や使い方を誘発できるような余地を設計するのである。文章でも絵でもなく、壁や柱によって構成された空間によって、人々の無意識の中に建築の使い方を提示する。これが「建築家」としての職能である。本展では、これからの新世代となる 1985 年以降に生まれた最も若手の建築家たちが、どのように現代の社会問題を捉え、人と建築の関係を考え表現し、クライアントの要望に応えながらも、それらの批評性を形態に結び付けようとするのだろうか。未だ見ぬ『未完の美』を、出展作品から探ってみたい。

板坂留五

　淡路島北部の海沿いに建つ「半麦ハット」は、両親のための店舗兼住宅である。ガラス温室の鉄骨やサイディング材、海苔工場の波板や塗装色など、周辺の風景を構成している要素を再構成した住宅は、それらが生活空間に馴染むよう工夫されたディテールにより、素材感があり生活を優しく包み込んでくれるような空間としている。街を細やかに観察し、そこで得られた気づきを設計に落とし込むという板坂の手法から生まれた、その街を映しだすような建築だ。

榮家志保

　ゆるやかな斜面地に建つ姉夫婦とその子供のための住宅「秋本邸」。地面の傾斜を建物内部に引き込むことで、小さな住宅の中にもさまざまな視点から異なる風景を臨むことができる居場所を生み出している。サンルームと名付けられた空間は、普段見えてはいるがはしごをかけないと行けない場所である。榮家はそれについて「よく分からないものはあった方が良いと思う」と述べており、使い手によって空間の質が変化するような余白を与えている。あえて不完全なまま残し、人に使われることによって完成する空間は、なにげない日常の暮らしの中に豊かさを与えるだろう。

鈴木岳彦

　ホテルでありオフィスでもある「Bed&Business Tokyo」は働き方が多様化する現代において、ビジネスホテルも一つの仕事場になり得るという新しいホテルの在り方の提案である。客室を最小限にすることで広く設けられたビジネススペースにおいて、人々は思い思いに自分の居場所を見つけて仕事に向き合う。一つの目的のためだけに最適化された場所ではない空間が、より多くの人にとって快適だと感じられる空間になるという、鈴木自身がスイス留学中に出会った映画祭での空間体験から、様々な性質を持つ居場所が生み出されていると感じる。

奈良祐希

　陶芸家としても活動する奈良。陶芸という個を表現した作品では、それを通して作り手と鑑賞者が会話をすることで鑑賞者も作品に参加できる。一方、建築は難しい言葉で抽象化されることで作り手とそこを訪れる人との距離を生んでいると感じているという。建築も人の手で作っているものであり、人と人のリアルな繋がりを生み出すことが建築家としての職能であるとすれば、建築家として、そして陶芸家として、建築と陶芸の間を埋めるような試みを今回の展示から読み解きたい。

西原将

　中古マンションの一室を購入して自らリノベーションを行い、その建築設計のプロセスのすべてをネットに公開した「三宿の部屋」。この住宅は元々ある躯体と水回りをまとめた木造のコア、そして土間から少し浮き上がらせた生活空間の床によって構成される。躯体があらわとなり未完成なのではとさえ感じさせる空間は、ここでどんな暮らしをしようかと住まう人の想像力を掻き立てる。建築家の意図のみによらない、住人に使われていくごとに魅力が増していくであろう余白が、展覧会を訪れた人にどんな想像を与えるのか期待したい。

畠山鉄生＋吉野太基

　「河童の家」と名付けられた、河童の姿で大道芸を行うパフォーマーのための住宅。庭に属するような住宅を目指したと語る建築は、時の経過によって表情を変える緑青が外壁により街の風景を形成する要素となり、周囲とのつながりを感じさせている。内部空間と街との関係だけが、開かれた建築を指すことではないという新たな公共性を示している。

宮城島崇人

　「O project」は北海道の自然豊かな公園の角に建つ、食を通したコミュニケーションの誘発を目指した住宅の改修増築である。もともと建っていた枠組壁工法住宅の閉鎖性に対し、建築と緑の間に浮遊する、住宅でもあり庭でもある空間を増築した。緑の中に溶け込むよう浮遊させることによって調整された外部との距離感には、環境を鼓舞する建築をつくりたいという想いが表現されている。

あとがき

　2016 年に建築界のノーベル賞と称される「プリツカー賞」を受賞したチリ出身のアレハンドロ・アラヴェナは、「未完の建築」が人々、そして街を豊かにしてくれることを実証した建築家である。もともとホームレスが道路に住み慣れるスラム街だった劣悪な場所に、限られた予算内で必要な数の住居をつくるため、依頼数の住居の半分を、コンクリートで頑丈に設計した。そして残りの半分はそのまま庭のように敷地を残し、住人たちがその残存地を運動場としたり、畑を耕したり、セルフビルドで建築を増築させるような、生活することから生まれる自由利用余地とし、固有性を合わせもつ生活感と親しみを持つような余白を残した。アラヴェナはこの設計手法を "incremental design"（＝増加するデザイン）」と呼んだ。あえて未完成にすることで、住人たちが自らの手で自分の家をつくり出し、愛着を持って住み続けることができる場所。この「未完の建築」は、住人の手が加えられていくほど価値が上がり、急速かつ大規模な都市の人口増加に対して、時間的・経済的問題も解決する手法であった。

　敢えて示すのなら、アントニ・ガウディによって設計されたサグラダ・ファミリアは、着工してから 130 年以上経った今もなお、建設途中である。しかし未完成だからこそ、今しか見ることができない姿を見ることができる。その姿に私たちは想像や好奇心を掻き立てられ、感動し、魅力を感じるのだろう。心の中に完成した姿を想像し、その先の未来を思い描くのだ。130 年以上も前、ガウディはどんな風景を想像し、設計したのだろうか。ガウディが描いたサグラダ・ファミリアと私たちが見るサグラダ・ファミリアは、もしかしたら違うのかもしれない。しかし、ガウディが一本の線を引かなければ始まらなかったこの建築は、今もなお、私たちに多くの夢と感動を与えてくれる。

　本年、選出された 35 歳以下の建築家は、近現代の建築界においてまだまだ若手と称される世代ではあるが、アラヴェナやガウディ、そしてこの展覧会を率いておられる 10 名の建築家・史家も、この 30 代半ばの頃には同様に、後の人類に感動を生むプロジェクトに没頭されたのだろう。そして今、この場にいる彼らこそがその発展の途中である。私たちの学生より少しだけ先の社会に踏み出した彼らは、私たちに思いもよらない想像力を働かせてくれる。そんな彼らの姿に、新たな発想を生み出す余白を見出し、常に新しい世界を想像し続けたい。一本の線が誰かの未来を豊かにすると信じて。

池田怜（武庫川女子大学大学院 修士 1 年）

考えることを諦めない〜事態の先に

　現代に生きる私たちの日常に影響力をもち、今となれば「近代の幕開け」という世界史的な意義をもつイギリスの産業革命は、綿織物の生産過程における技術革新から建築界のスカイスクレーパーに代表される製鉄の成長をもたらし、プレファブのような大量生産同一品質を叶えるのと同時に資本主義を進め、世界に技術の進歩をもたらしたとされてきた。そして経済優先の社会を生み、蒸気機関の開発による動力源の刷新がなされた。これによって工場制機械工業が成立し、交通機関への応用によって蒸気船や鉄道が発明される交通革命が起こったが、そのことが皮肉にも、昨年世界的な経済恐慌を引き起こすことになったウィルス拡散を導いたのかもしれない。そして効率や効果を重視するあまり、淡々と日常をこなしていくだけになっていた人々は、やがて「自由が無い」ということを嘆くようになった。

　人間は古くから工夫をして生きてきた生き物だ。その歴史は、人類が火を扱うようになった原始時代にまで遡る。火はただ暖をとるためだけでなく、料理にも使用された。食材に火を通すことで、人間は食べるものからより多くの栄養を摂取し、結果として脳が進化したとされる。また、火は明かりとしても活用され、夜でも活動できるようになり、人間の 1 日の行動時間が増加した。その火を利用した蒸気機関をさまざまな用途に使うことで、時間短縮を目的とする効率移動社会を実現し文化的な進化を早めた。日本の家には庇と簾がある。庇は真夏の高い太陽光を遮ってくれるが、朝日や西日など低い太陽光を遮ることは難しい。そこで、日本人は庇に簾を吊るした。簾は、低い光を遮ってくれるだけでなく、霧吹きで水をかければ、風が吹くたび気化熱が発生し、涼しく過ごすことができる。打ち水や高床も似たようなものだ。科学という言葉もない時代に、人々は幾多の工夫を積み重ねて合理的な環境を利用する手法を生み出してきた。この工夫をするという特性に特化した職能を持つのが、建築家のように思える。クライアントの要望を捉え、敷地の風土や環境を読み解き、場所性に応じた構法の利用や構造的な強度を備え、風土によるかたちの美しさや素材の利用の仕方など、常に数え切れないほどの知識から解釈を生み、多くの分野のことに考えを巡らせる。どの建築においても全ての条件を完全に満たすことはほぼ不可能に近く、敷地面積や費用など、制限されたものを言い出せばきりがない。建築家はさまざまな場所に散りばめられた情報全ての中心に立ち、条件同士の境界線を曖昧に消していく。つまり「無い」ことを嘆くのではなく、「ある」ものをどう生かしていくのか。そうした知恵を絞り、工夫を重ねて最良の方法を見出そうとする性質をもち、この時代に応じた提案をつづける建築家とはなんて人間らしい職能をもつのだろうかと感じる。本展において私たちと同じ、効率化された世界に生まれた 35 歳以下の若手建築家たちは、どのような考えで「無い」ことに立ち向かい、表現していくのか。真っ直ぐに向き合い続ける彼らの思考性や知性に気づき、余すことなく知恵や工夫を彼らの作品から読み取りたい。

板坂留五

「半麦ハット」は板坂が両親のために設計した店舗兼週末住宅である。この建築は、外装の貼り分けや納まりなどのディティールそれぞれが、それだけの用途のためにあるのではない。ゆえに形式や手順という言葉で言い表すのが難しい。しかし、ばらばらに見えるそのディティールにも、背景としてまとまった一つの風土を感じ取ることができる。この作品は受け手に受け方を委ねるゆとりがあり、建築は人に気付きを与えることができるという板坂の信念が込められているように感じた。

榮家志保

榮家が姉夫婦とその子どもたちのために計画した「秋本邸」。ゆるやかな傾斜地に建つこの住宅は、内部の高低差をすべて斜面でつなげることによって、視線の揺らぎと外部の豊かな風景との連続性が生まれており、ここに住まう人にとってその一瞬一瞬に見られる風景が記憶として蓄積されていく。住宅という限りなくプライベートな建築でありながら、敷地の境界を超えた社会性を孕み、住まい手の体験や人生の記憶をつくっていくおおらかさをもっている作品だ。

鈴木岳彦

　最小限の客室と、広大なビジネススペースから成るホテル「Bed&Business」。目的のために整えられた均質的な空間ではなく様々な質の空間が連続してつながっていくことによって、多岐にわたるビジネスを許容する。鈴木はこの作品をコロナ禍以前に計画しており、昨今のリモートワークが浸透し始めた社会への洞察とともに、建築の可能性についての思想にも注目したい。

奈良祐希

　陶芸家として、建築家として、二つの顔をもつ奈良が出展する「陶芸と建築の邂逅」。陶芸と建築という違う領域に存在するものに、どちらも人の手でつくるものという距離を捉え、それらの境界をぼかして融合させていくような作品である。

西原将

　「三宿の部屋」は、西原がマンションの一室を自邸としてリノベーションした建築だ。躯体、下地、仕上げを一体となるようにし、DIY しやすい工夫がなされている。加えてこの設計のすべてのプロセス、思考、コストに至るまでをネット上において赤裸々に公開しているその姿勢からも、一般の人の目線に立って建築家という職能を考え、社会へ伝えていくような西原の気概を感じた。

畠山鉄生＋吉野太基

　パフォーマーを生業とする施主のための住宅として設計された「河童の家」。限られた敷地条件のなかでも庭に属するような住宅として計画することによって、まちの風景をかたちづくる要素として昇華させている。ここに、畠山と吉野の公共性についての思想を感じ取ることができる。

宮城島崇人

　北海道の自然豊かな公園の角に建つ「O project」は、木造枠組壁工法の住宅を改修増築している。二本の柱によって支えられる躯体には、建築という人為的なものと敷地の持つ豊かな自然というギャップに対して両義的な在り方を見出し、どちらも等しく扱おうとする宮城島の自然観が表れている。

あとがき

　現代社会において、ミレニアム世代と呼ばれる私たちの世代以降は、物心ついた時から常にネットにつながるインターネットが身近にあり、情報や物事が常に溢れていることに慣れ親しんでいる。ググってしまうと質問の答えはすぐに探すことができ、顔も知らぬ誰かの口コミを信用し、欲しい物はいつでもどこでも端末を操作すれば、翌日に手元に届く。最初から様々なものを与えられ、用意されすぎた時代に生まれ育つ私たちは、考えていい方法を見出す、という本来の人間らしさが身についていないのだろう。望んだ答えが得られないと、何もできず途方に暮れ、回答のもたない問いを忘れてしまうのだ。しかしこれは決して私たちの世代だけの諦め方ではなく、現代の大人も同様だと感じる。しかし、生命保険会社が約 30 年間、毎年アンケートを行う小学生らへの「将来なりたい職業のランキング」ではこの数年、建築家が 10 位内に入ってきている。世界のタンゲ以降、日本人建築家の多くが世界で活躍され始めて 50 年。文化立国であるフランスのルーブル新館ランスやポンピドゥ・メス、アメリカの WTC のタワー 4 や、本展に所縁の深い伊東豊雄先生による、ロシア・

エルミタージュ美術館のスペイン新館（設計中）など、先進国の主要な建築への日本人建築家登用が止まない世界の状況からは、考えることを決してやめず、諦めず、自らの道を切り拓いていく「建築家」という人間力をもつ職能に夢や憧れを持つ者が、動物的な本能として増えているものと期待できる。ケーススタディにより考え貫くこと、これは数千年、紀元前から生き物としての人類が求め、備えてきた本能なのだろう。

　これまでの事象を尋ね求めて、そこから新しい知識・見解へ導くことを「温故知新」というが、伴って好奇心が必要となる。建築界においても膨大な時間を継いできた先人の知恵は、時として現代の力学を凌駕するほどの合理性を持つ。学校で歴史を学び、知識として蓄え、考えることへの手がかりとして好奇心が活用されることは、体験を通じて知ることになり、さらに憧れのような「感動」が生じる。しかしその感動を自分で生み出すには、この知見を蓄える他、無いのであろう。物事を視たままの物理量で計る世代は、自身がその物事に取り組んだ経験量が足りておらず目指すべき道すら迷うことが多い。本展では、私たちが好奇心を持って会場に訪れることで、少し先に社会に出た、一世代上の建築家が感動に通じる体験をもたらしてくれるのであるが、それだけでは受け身の考え方であり、自分でも何かを掴み取る意志が必要である。もちろん、コンセプトを描きプログラムをしたためた建築そのものへのプロセスや、デジタルを駆使した技術活用としての事例を知ることもとても勉強になるだろう。しかしそれよりも、新たな生活様式を求められたこの時代に遭遇した先輩たちが、物事に溢れた状況に選択を迫られていく時、何を考え、何を思い導くのか。私たち学生は経験値も知識量も足りていないが、これから自分が建築へどのように向かうのかを考えるためのきっかけとなるような「感動」から、考えることを諦めない意欲を培いたい。「無い」ところから生み出す一歩が産業の変革であったように、社会構造の変革をもたらすことも「考え貫く」意志によるものなのだから。

久保瑞季（武庫川女子大学大学院 修士 1 年）

in addition 　｜木村一義（きむら かずよし）
都市（まち）に森をつくろう

　都市（まち）に森をつくろう、木造都市をつくろうと活動を始めてから、早や30年になる。当初は関心を寄せてくれる人は少なく、むしろそんなものは夢物語で実現性がないとか、人をたぶらかすようなことは言わない方がいいとか、冷ややかなものだった。

　しかし、諦めずに愚直に訴え続けていると、世の中の様相も変わり、都市の木造化に関心を持ってくれる人が確実に増えてきた。

　都市の木造化に拍車がかかったのは、木質耐火部材の開発によるところが大きい。都市の木造化、木造都市と唱えても、木造耐火技術の開発なくして到底実現はできない。木の弱点は燃える、腐る、ということに集約されるが、腐るということについてはしっかりした雨仕舞いのディテールを考え、雨漏り、水漏れがないように設計すること、また結露、カビなどに対して有効な換気、通気、断熱方法を講じれば問題はない。

　一番厄介なのは、木は燃えるということである。これが木造都市の実現の前に立ちはだかる大きなバリアーである。このバリアーに風穴を開けるべく、13年かけて木質耐火部材「COOL WOOD」を開発してきた。世界で最も厳しいと言われている日本の建築基準法、その中でも特に厳しい耐火基準をクリアーするために全力でチャレンジして、2014年に日本で最初に2時間耐火の大臣認定を取得、そして日本で初めて3時間耐火の大臣認定を2017年に取得した。この木質耐火部材「COOL WOOD」は、2020年日経優秀製品・サービス賞最優秀賞の一つに選ばれた。

　「COOL WOOD」の開発により、木の最大の弱点、燃えるということを解決し、大きなバリアーに突破口をつくった。文字通り、ブレークスルーしたわけである。これで都市の木造化が具体的に進むようになり、集成材、LVL、CLT等を使わないで、全国どこででも手に入る製材（無垢材）を使用し、KES構法とCOOL WOODにより日本初の純木造（コンクリート、鉄とのハイブリッド／混構造でない）7階建てのオフィスビルを仙台駅東口に10カ月の短工期で完成した。現在、木造ビルが各地で建築され、急速に都市の木造化が進んでいる。「木造都市」が夢ではなくなる日が近づいてきた。

そんな確信を持ち始めた頃、更なる追い風が吹き始めた。都市の木造化を推進するための法律をつくろうという動きになってきたのだ。現在107名の国会議員の先生方による「森林（もり）を活かす都市（まち）の木造化推進議員連盟」が設立され、それに呼応して民間の団体で構成される「森林（もり）を活かす都市（まち）の木造化推進協議会（現在137団体加盟）」が設立された。30年前には考えられなかったことが、今真に起ころうとしている。

　今まで都市はコンクリートと鉄でつくられてきたが、これからは木が選択肢として加わり、木造ビルが建築されるようになる。古今東西の世界の歴史を見てみると、過去の延長線上に未来があったためしがない。固定電話が一気にiPhoneになり、レコードがCDに、更にウェブ上で音楽を聴けるようになり、化石燃料のエンジンからEVに急速に移行しているように、建築もコンクリートと鉄で出来た都市から、地球環境と人にやさしい木造都市に変貌しようとしている。少なくとも、木という選択肢が出来たことにより、木造による建築は増えていくだろう。未来永劫にコンクリートと鉄だけの都市というのは有り得ないのだ。

　現在の世の中は、コロナ禍ということもあり、物事の本質が厳しく問われ、大変動、大変革の真っ只中にある。このような時代だからこそ、皆さんのような若者の台頭が切望されているのだ。

　いつの時代も、新しい文化・文明は若者によってつくられてきた。今こそ、先頭を行く勇気と気概をもってチャレンジして欲しい。建築に関わる若い皆さんの活躍を、心から期待している。

　木の文化の国、日本から世界に、未来の都市の姿を示し、世界をリードし、日本のプレゼンスを高めたい。そして日本人にもう一度勇気と希望と誇りを取り戻したい。皆さんにも、日本の、そして世界の建築業界のリーダーとして高い志をもっていただきたいと強く願っている。

株式会社シェルター　代表取締役会長　木村一義

　特に日本の生活様式という文化を知り、本展の出展者である U35 世代の展示作をよく観察すると、あらたな価値を見出そうとされ、近現代の生活に必要とされる「豊かさ」というアイディアに気づかされるものだ。その発展を辿る計量のひとつに、日本建築の近代に至る発展は、開口部にあると称されることが多いのも特徴である。西欧文化で発展された壁面に穴をあけるように設置された開口部と違い、中国の度量衡ではなく尺貫法で使われる長さの単位、すなわち建物の柱の間隔を 1 間とするような、長さそのものではない単位が近年まで長く使われてきた。現在でも一部の地域で和室の寸法などで使われるが、日本では農地の測量に使われるようになり、ある長さを 1 間とする長さの単位となったことが所以である。つまりこの間に障子や襖を設置したことから現代の掃き出し窓が主流となり、NY・マンハッタンの都市計画にあったビル群で発展を遂げた。このスカイスクレーパーの影響を受け、丸の内や梅田で見かけられるガラス張りの開口＝カーテンウォール方式のビル群が近年、建ち並ぶ。昨年の図録（U35 2020 operation book）で述べたが、水を扱う家業を引き継いだ私としては、水栓メーカーという職業柄、出張を重ね訪れる地域に滞在する宿は、いつも異なる地区に宿泊することを心がけ、自らがその部屋の水を体験する。そして民宿に泊まればまだ土間が配されている宿もあるが、ラグジュアリーなホテルとビジネスホテルの違いは、部屋の広さや使用されている素材や設え、立地やサービス等で経済的な比較で示されるが、窓から見える景色と、その開口領域の広さ、景色が与える差であることを確認していた。

　尺貫法は江戸時代にはじまった、道に面した家の間口に応じて税金を課せられた制度により、現在でも江戸後期の建物が存在する京の町屋のように、ウナギの寝床と称されるような間口の狭い住居が特徴的に残る。ここには、中国の少数民族の土家族の住居にあった土間が伝来し、東南アジアで広まった土間が持ち込まれたようだ。日本の家屋では「屋内では靴を脱ぐ」という生活習慣がこの頃には存在したが、土間に限っては土足のままでも構わないという生活様式が流行した。日本家屋の土間は履物を脱がず、板敷に上がるときに履物を脱ぐことから、土間と板敷（ヌレ縁など）がライフスタイルとして明確に区別された様式を生んだ。「外でも無く内でも無い」空間として、その土間で足の汚れを洗い、外での活動の疲れを癒やした。まさに内と外の間である。また地域との交流や大半の来客はそのスペースで応対し、本当に重要な来客しか家の中には通さなかったのも特徴である。現在の日本

では、板敷を中心とする生活様式に移行され、土間は玄関の靴脱場など極めて縮小される傾向があるがまだ失われてはない。日本の気候風土から発達したこの土間の考え方は、この情勢のなか多くの生活や仕事に影響を与えた感染症の予防に役立つ文化だと世界で囁かれる。それは当然、靴の裏に付着したウイルスを家の中に持ち込みにくい生活習慣を高評価とされるのだが、少し古の生活様式から学び直しても良い時期なのかもしれないと気づかされていた。何にせよ、建築は引渡しで完成では無く、そこに住む人のライフスタイルに豊かさを与え、地球の呼吸のように流動的な時代の変換にその都度、満足させて初めて完成であるということを学ばされた機会となる。

　出展者となる若手の建築家たちより、ひと世代上で活躍される建築家の先生たちがファウンダーとなり、この情勢のなかでも適切な備えを講じながら、昨年、予定どおりの開催を叶えられた、ノンプロフィットの活動法人に東西の代表として継続して取り組まれる、平沼先生、藤本先生らをはじめとする、多くの建築家・史家の方々、そして開催の運営をされる多くの建築学生の皆さまには、心より敬意を表する。そして初回の開催より、1度も落とさずバトンを継いでこられた伊東豊雄先生が登壇され、若手の建築家たちを見守られた本展は、昨年11年目の開催を終えられた。独立され、設計事務所を営みながら、建築家という職能を磨き、社会へ発表される建築展の試みや、この取り組みを継続されていることに深く敬服し、この貴重な存在となりはじめた本展が、私たちのような建築メーカーが併走させていただきながら取り組まれる「建築界の基軸となる建築展」を通じて、わが国の建築・芸術文化の発展に貢献できることを、心より感謝申し上げる次第である。

　恐らく時代の変換期にあたるような時に、あらたな10年を目指し挑まれている本展の秋の開催に、大きな期待を寄せている。

SANEI 株式会社　代表取締役社長　西岡利明

2020年開催 展覧会の様子 (2020.10.17)

2020年出展者の皆様 (2020.10.17)

2020年開催 シンポジウム I の様子 (2020.10.17)

U-35 2020 Gold Medal 賞：山田紗子

archive

2020年開催 シンポジウム II 伊東豊雄さんご講演の様子 (2020.10.24)

2020年開催 シンポジウム II の様子 (2020.10.24)

U-35 2020 伊東賞：山道拓人＋千葉元生＋西川日満里

Under 35 Architects exhibition 2020

Toyo Ito Prize　（伊東賞）

発表

【過去の出展者】

2010 年　大西麻貴　大室佑介　岡部修三　西山広志＋奥平桂子　藤田雄介　増田信吾＋大坪克亘　米澤隆

2011 年　大西麻貴　海法圭　加藤比呂史＋ヴィクトリア・ディーマー　金野千恵　瀬戸口洋哉ドミニク　増田信吾＋大坪克亘　米澤隆

2012 年　能作文徳＋能作淳平　久保秀朗　関野らん　小松一平　米澤隆　増田信吾＋大坪克亘　海法圭

2013 年　岩瀬諒子　植美雪　小松一平　杉山幸一郎　塚越智之

2014 年　長谷川欣則　細海拓也　植村遥　魚谷剛紀　伊藤友紀　高栄智史　山上弘＋岩田知洋

2015 年　植村遥　岡田翔太郎　金田泰裕　北村直也　佐藤研也　高濱史子

2016 年　川嶋洋平　小引寛也＋石川典貴　酒井亮憲　竹鼻良文　前嶋章太郎　松本光索

2017 年　齋藤隆太郎　酒井亮憲　千種成顕　野中あづみ＋三谷裕樹　前嶋章太郎　三井嶺　安田智紀

2018 年　京谷友也　高杉真由＋ヨハネス・ベリー　彌田徹＋辻琢磨　橋本健史　冨永美保　中川エリカ
　　　　　服部大祐＋スティーブン・シェンク　三井嶺

2019 年　秋吉浩気　伊東維　柿木佑介＋廣岡周平　佐藤研吾　高田一正＋八木祐理子　津川恵理　百枝優

2020 年　秋吉浩気　神谷勇机＋石川翔一　葛島隆之　山道拓人＋千葉元生＋西川日満里　松井さやか　山田紗子　和田徹

special interview｜谷尻誠（たにじりまこと）
インタビュア：平沼孝啓（ひらぬまこうき）

——— 2010 年、一度きりの企画展として開催された当時の U-30 は、伊東豊雄の「批評性を形態に
結びつける、作品を発表する場であった誌面の休刊が進んだ " 建築雑誌離れ " から、リアルな展覧
会が若手の登竜門的な存在となることを望んだ」という言葉と、聴講に来ていた五十嵐太郎が「継
続した比較がないと知ることができない」と発言し突然登壇したことで議論が成され、三分一や塩
塚と共に批評を残す幕開けとなった。この翌年、メンバーを再編することとなった 2 度目の開催で
シンポジウムに登壇した谷尻誠は当時 35 歳。出展者に最も近い最年少の若さで広島から登壇して以
降、五十嵐淳や藤本壮介らと共に、毎年、出展者と議論を交わすため大阪に駆けつける。"U-30" だ
った 20 代の頃から谷尻をよく知る平沼孝啓は、独立以前以降共に「果敢に挑戦している若手」だと、
2011 年の展覧会図録で印象を話している。共に U-30、U-35 の頃、若手建築家として駆け出し時代
に取り組んだプロジェクトやコンペ＆コンテストにも所縁の深い谷尻が、公募による出展者選考を
審査委員長として行い、2020 年の開催を果たした 11 回目のシンポジウムでゴールドメダル授賞者
の選定を終えた今、あらためて本展を通じ建築展のあり方に対してどのようなことを思い、どのよ
うな方向へ導くことを望んでいるのか、平沼が聞き手となり対談方式で考察する。また二人が「こ
れまでの建築界」と「これからの建築界」について近年、感じていることや、今回の U-35 の出展
者をはじめとする建築を志す若い建築家へ向けてのメッセージも収録する。

谷尻誠（たにじり まこと　建築家）
1974 年広島生まれ。00 年サポーズデザインオフィス設立。14 年より吉田愛と共同主宰。
最近では「絶景不動産」「21 世紀工務店」を開業するなど活動の幅も広がっている。中国建築大賞他受賞多数。

平沼孝啓（ひらぬま こうき）建築家
1971 年 大阪生まれ。ロンドンの AA スクールで建築を学び、99 年平沼孝啓建築研究所設立。
08 年「東京大学くうかん実験棟」でグランドデザイン国際建築賞、18 年「建築の展覧会」で
日本建築学会教育賞。

平沼：昨日はこの出展作品の内覧から恒例のシンポジウム。そしてゴールドメダル選出から 10 会議
の８時間＋懇親会までを含めると連続十数時間（笑）？昨年の公募開始より１年間、お疲れさまでした！

谷尻：（笑）いやいや平沼さんこそ、お疲れさまでございました。

平沼：今年はこの情勢で、恒例のミナミへ、ハシゴ酒に行けなかったですね。

谷尻：おかげで健康的な朝を迎えましたね（笑）。

平沼：恩恵？のように健康な肉体を与えられましたが、それと引き換えに、精神性を保つ議論の場
を失いました（笑）。一昨年のシンポの翌日、この対談の場で、当年の審査委員長を務められた平田
さんと急きょ参加された石上さんが、「U-35 と SD レビューの違いは、後の飲み会があって直接、
世代間で話せること。シンポジウムの後、直に人間的なつながりができる」と、アフター・ケアと
いう表現で後々のつながりを維持できるようなことも特徴だと触れられていました。そして元々、「年
に 1 度くらい、この世代で集まって一緒に飲みましょうね！」くらいに、史家に見届けられながら
建築家が集まってやってきたことが、後進を育むだけでなく、まずはこの世代が楽しんで継いでい
こう！と、初年度から、大阪ミナミに場所を移して朝まで大いに語り合った頃を思い出します（笑）。
そして昨年のシンポジウム開催後には、恒例だった地での懇親会を復活。道頓堀川のほとりで 1 次
会をした後、4-5 件の店を出展者と上世代の建築家ほぼ全員でハシゴした後、藤本さんも平沼さん

も最後の締めのラーメンまで残り、朝解散！と皆で言ったあとに、若手たちに唯一谷尻さんが混じってネオン街の商店街へ消えていくのを見て「さすがだなぁ」と、若かりし谷尻さんを思い出して僕は苦笑いしていました（笑）。もしかして何かの意図があって付き合ってあげたのですか。

谷尻：（笑）昨年は、トコトン行きましたね。それほど理由はなく、これからどういう日常で設計活動をしたいと思っているのか、若い建築家たちが何を目標にしてるのかを、聞いてみたかったのです。全く事務所に通わず自宅を併用して仕事をしているような人もいて、働き方にもだんだん変化が訪れてくるタイミングだったと思います。僕たちの世代のようにまずは大きなアトリエをつくり、模型をガンガン作って議論し合うのとは違う、設計の生み出し方みたいなものが動き始めているように感じていたのですね。

平沼：この情勢をこの時点で半年経験していますが、特にそのような個別の取り組み方が進みましたね。もともと谷尻さんの考えの中に回答を探していらしたのだと思うのですが、収穫はありましたか。

谷尻：僕自身、設計事務所をやってきて、どうしても経済活動と設計活動がどこかで分断し、気がつけばずっと同じようなことを脈々と繰り返していました。これだけ社会の価値観が変化しているんだから、残すべきものと変わるべきものが、この職能でももう少し領域の違う営み方に可能性があるんじゃないかな、と考えるようになりました。そして若い人たちが考えていることから、自分の考えを引き出したかったのです。僕たちの世代は、「とにかく、建築へ向かっていたらなんとかなる！」という、良くも悪くも相当な"勢い"だけがあったわけですが、彼らはどちらかというと「不安を消し去るための備えをやるか」という考え方で生活の断片から設計の糸口を見つけ、身近な日常が建築の対象になっている様子が伺えます。それはやはり時代背景の違いですし、同じ時代の空気を吸っていますからその気持ちも分かります。それには、誰も知らない場所性においても、アイコニックなものはドーンと出てこないのですが、きっと一方で、もっと誰にも気づかれない身近なところで、それを求めている風潮があるんだということに気づかされました。僕たちとアプローチが全然違うので、逆に新鮮さや面白さも感じます。

平沼：僕らの世代は特にですが、7、8 コ上の建築家が目指した建築家という職能の一般化のように、狭小住宅への挑戦やローコスト住宅への工夫や地域にある日常の記述を建築によって示すというよりも、妹島さんや隈さん、坂さんたち約 15 歳上の世代が目指したセカイを共有し、22、3 コ上の建築家が示した大衆に向けた建築でなく、約 30 歳上の安藤さん、伊東さんが成し遂げられたゲリラ的な都市

に相当な影響を受けた世代だといわれます。「他責を自責にする」という言葉が印象的な世代ですが、批評性を形態に結びつけオリジナリティで建築を表現する。つまり、" 建築へ夢中で向かう " ことで、過去の心配も未来の不安も感じず、ただリアルな現在を必死に捉えてきた様子が、僕らの世代に伺えます。だからここに毎年集まる上世代の建築家史家たちは、誰に似てるとか活動が被るようなことが全くない。その方法が良かったことなのか悪かったことなのかは、1 世紀程先の歴史家が語ってくれると思うのです。だから世代間で比較をしたときに、面白さを感じます。でも当時の谷尻さんを振り返ると、事務所にお金があるとか、プロジェクトの予算が確保できることとは別に、とにかく楽しいか楽しくないかで、プロジェクトをされていましたよね。

谷尻：本当にそれしかなかったですね。

平沼：環境ディテールを話してくれたり、難しい設計条件の解き方を話してくれたり、何がしたくて、何に問題を感じて、どう解釈して解決したかという、僕たちが共有して興味を持つところを聞かせてくれていました。でも出展者の一部の方たちは、一般中小企業の経営者が日々考えるようなお金の備え蓄えの話から入っているような感じが見受けられる。やっぱり僕は昨日のシンポジウムで秋吉さんの発言を聞いてイラっとしたんです。建築を学んできたのだから一定の知識量を持って話せる人が、建築に興味を持って駆けつけてくれている来場者のいるあの場で、そんなに批判的に反発して話さなくても・・・、勿体ない。彼は自分で言っているんだからいわゆる商売人でしょう。僕らより商売人なのに場もわきまえず、客対応もできない人にしか映らなかった。上世代に対してではなく、来場者と知性を共有するような発言をしてほしかったなぁと。

谷尻：なるほど。彼の気持ちは分かりますが、品の良さというべきか、もう少ししなやかに応対しないといけませんね。でもそれは一種の若さじゃないですか。若い頃はやっぱり自分がやっていることに、とやかく言われたくない部分もあるんでしょう。

平沼：若さ所以の所作は、育ちや周辺の環境、それぞれにあると思いますが、30 代も半ば近くになると社会ではそれなりに大人でしょう。彼には応対力を培う忍耐が必要だと思いました。利害関係を持つ人は応対してくれるでしょうが、利害関係を持たない人や社会から無視され、孤立してしまいます。時代背景が違いますが、ここにいる上世代の 10 人は相当個別に叩かれた経験をしてきたからか、鍛えられ方が違う分、その応対力が表れる所作が少し、違うのでしょうかね（笑）。

谷尻：今も昔もこれからも経験するであろう反発の波及効果がわからないんでしょうね。昨日のシンポでも話しましたが、五十嵐淳さんに言われてイラっとしたことがありましたから（笑）。

平沼：でもそれを受け入れたでしょう？

谷尻：そうですね。一度、噛み締めてみるというのかね（笑）。

平沼：周りから与えられる良い言葉も悪い言葉も、一旦受けて力にしていくような人じゃないと継続が難しいでしょう。それは今も昔もこれからもずっと変わらないでしょうね。谷尻さんは彼の活動を見ていてどう思いますか。

谷尻：仕組みづくりとしては、起業家としてすごくイノベーティブに建築業界の新しいあり方をつくろうとしていることに興味を持っています。

平沼：しかし一つの製品や工業になっていくと飽きられていく。だからどんどん新たなフェーズを出していかないといけなくなります。その数十個、また十数年先の性能ピースを、彼は考えているでしょうか？

谷尻：あの仕組みは、ある種どこでも同じ手法でつくれるテクノロジー。でも今は特殊解を示すための方法論になっていますよね。デジタルというのは簡単に形を瞬間移動させることができるようなシステムですから、あの仕組み自体がもっと普及性のあるデザインや設計と噛み合うと拡散する可能性があると思います。今は偶然のようにフィットしたキャンプ場の小屋みたいなものに評価軸

が表れたけど、そういうものにはとても相性が良くて、一つ良い形式ができるとバーっと広がっていくでしょう。その時には起業家としての経済資本力を携えられるのかもしれない。

平沼：宿命のようだという理由に過不足を感じるのです。バルセロナにある自重曲げのガラス屋さんに通っていますが、小さな機材ではなく 1,000 平米くらいの機械工場があり、そこで既にいろんなことができるんですね。秋吉さんの仕組みの構造を佐藤淳さんがやっているというので、「秋吉さんがやっていることって今後どうなの？」と聞くと「まぁ国内ならね」と話されていました。結局海外ではもっと進んでいるのでそれを真似るのか、更なるコスト勝負になってくる。

谷尻：世界的に言うと確かにそうかもしれませんね。ただ、国内における各地域の林業や製材所との仕組みづくりとしては、マッチングしているようにも思います。

平沼：各都道府県の製材所に置いてもらうには能率が上がるということでしょうか。

谷尻：今は B to B ですが、ラボ的なところにあると、未来にある DIY の進化版としてインテリアまで一般の方が作れるようになったりだとか、そういうことを考えられていると思います。

平沼：やはり本展の展覧会場でああいう原寸のモックアップを展示すると、やっぱり物量の力を感じます。一番目を引くし、不思議な形をしていますからなぜそういう形になったのか経緯を知りたくなるし、キャッチーな部分も感じます。

谷尻：でもその経緯を聞くうちに、「あれほど難しくしなくて良いんじゃないかな」と気づく一面はあります（笑）。昨年の、三次元が作り出されるシンプルな仕組みの方が、本来の発展形として実は良いんじゃないかなと思います。

平沼：一見した驚きはあって、こんなこともできます！という実演販売なら売れる気がしますが、記憶に残らず、蓄えられた仕組みという腑に落ちる部分の工夫が欠落する。でも一方で、展示としてはやはり群を抜いて示せていたし、建築展としての醍醐味を消化させたのは彼でしょう。シンポジウムの金賞審査の際、最終の選出者は秋吉さん以外の2人でしたが、彼の取り組みについて選出の際に迷われたりしましたか。

谷尻：秋吉さんが、昨年の提案や評価をされ期待された指摘に答えるために本年も出展されたことで、あの単体の建築として終わりじゃなく、増幅の可能性や進化を模索していることが理解できたし、彼自身の今後にとって、一番の収穫でしょう。

平沼：僕らや来場者にも高揚感を与えてくれた。そして連覇に拘っていた様子もなく、谷尻さんが仰ったように、皆の記憶に存在を刻めたことが、今後の活動への大きな収穫です。良くも悪くも注目をされるような存在になるでしょう。そういう意味では名刺代わりになる出展になったし、今後も各分野で広まる可能性を育んだ経験だったと感じています。僕たちの世代までは、建築系の雑誌に発表をしてクライアントを獲得できた世代です。例えば美術界には美術評論家という方たちがいて、バンクシーのような人を取り上げて世の中にプロットしていく。

谷尻：一本釣りしてくれる訳ですね。

平沼：そうですね。日本でも昨年、一昨年にこの会場にも来てくださった、美術評論家の南條史生さんや建畠晢さんのように、経済評価が全くなかった頃の草間弥生さんを取り上げて世に普及させた批評家が存在している。もちろん建築界にも五十嵐太郎さんとか倉方俊輔さんがいるんですけど、建築界の史家はやっぱり歴史家なんですよね。この人たちはよい意味で過去のことを語るのが仕事ですから、未来のことを断言するわけではない。僕はこの隣接した分野でこの違いがあるなあと感じています。日本の建築家は連なりができていると欧米でよく云われているように、建築家が建築家で継いでいく良き習わしのようなものを感じることがあります。ル・コルビュジエのところから帰国した前川國男さんのところに丹下さんが門下生に入り丹下さんを持ち上げて、丹下さんが次に磯崎さん黒川さんを持ち上げていった。今の伊東スクールみたいなところも含めて、そういう系譜が日本の建築界にはあります。槇文彦さんや黒川紀章さんのような方は、建築雑誌をちゃんと毎月読んでいて、掲載された僕たちの存在を認知してくれた。やっていることの新しさについて、批評性をどう形態に結び付けているかを批評文として記述しコンクールで評価をしてくれた。こういうことが 2007 年に建築文化という批評性のある建築雑誌が無くなってしまい断絶。つまり僕たちは記録誌には掲載してもらえるけど批評文を掲載してもらうチャンスが少なくなってしまったということなんですよね。ただ、僕たちはこの 10 年前に独立しているので、この 10 年間でデビューイヤー後の初動を進められたわけです。しかし若手の人たちが存在を知られるタイミングは 2007〜10 年まではほぼなかった。その頃に伊東さんが、リアル展で上世代が集まって下世代を認知しようと始めたことが U-35 のきっかけです。もちろん公言しているんですけど、SD みたいなものから学び、槇さんにもインタビューをしに行き教えて貰いながら、それとは違うやり方を結果的には繋いできた。もう一つは、10 会議。毎年 1 回 1 回は大したことを言っていないんですけれど、少しずつプログラムの変更がなされていくことで、上の世代が盛り上がっていることに興味を持って見に来ている情報者たちが増えてきた感覚なんです。その前置きをお伝えした上で僕が谷尻さんにお聞きしたいのは、TECTURE というメディアを始められたことです。これはどういう方向に進めようと思われていますか。

谷尻：建築の批評性とかの意味合いも含めてということですよね。建築の批評性を強く押し出すつもりはそれほどなく、もう少し建築の部位を知ってもらうことをやりたいと思っています。批評することは U-35 の上世代で言うと、五十嵐太郎さんや平田さんなど、特異分野の方たちが批評されていくところでもあるので、そこではないところを僕はやろうと思っています。まだまだ試行錯誤していますが、一種のフレームのような状態の方が良いかなと、現時点では思っています。世界は小さいなといつも思っていて、批評性の建築も確かに良いのですが、内向きな思考性を多く含み、社会に出した時に誰も知らないよりはまず知ってもらえているという状態を優先的につくり出したいと思っていま

す。だから TECTURE では海外の情報も国内の情報も出して、日本から世界に発信できるようなメディアにしたい。どうしても日本の建築の専門誌というのは、写真家であった二川幸雄さんが撮られた掲載誌から世界へ広まった様子から抜け出せていなくて、とても骨太のコンセプトだったため、海外でも建築界への影響力を保つものの、ネット上の問題でもある、写真というクレジット問題も同時に表していて、誌面以外での広まりを見いだせていない気もします。

平沼：そうですよね。大変な価値をもつ存在になるためには、その時代ごとの生活習慣に寄り添いながらも、圧倒的な個性を放ってこそ、はじめて新しさや憧れのようなものになりますからね。

谷尻：そう。だから TECTURE では、海外から文化の違う日本の建築を見てもらうことを主眼にしたい。現在は全体の 40%くらい海外の方が見てくれているような状況で、プライマー・ワールドがあるように TECTURE ワールドも来年から開始しようと思っています。世界での基準を日本から発し、切磋琢磨してくれるような作品を競い合うような状況づくりをしたい。それを文章だけではなくてビジュアルと映像も一緒に出していきたいから映像チップづくりも開始しています。

平沼：建築界にとってみれば、素晴らしいことです。結局、ツーリストの口コミに期待しても、建築評価軸のあるものに行きつかない事例をみてきたのですが、もう誰が作ったとか、どこに存在するということは重要ではなく、建築がどんどん更新されていく感覚を同時に感じます。そんな中、下世代が「私の作品が」と言っている様子を見ていると、今、現実世界のスピードと彼女たちがやっているスピードがすごく乖離しているように感じます。もう少し「私が」とか、「作品が」という主語から違うフレーズにのぼってこないと、継続できないように感じてしまいます。

谷尻：二人称にならないといけないですよね。

平沼：そう。自己完結してしまうのです。表層の奥にある強度みたいなものから入っていくようにしないといけない。若手が「私が」「我々が」と言いだすとエセ感がある、という話を藤本さんが言っていましたが、確かに感じることがあります。でもそう聞いた 3 か月前くらいにインスタで、変な聖火

リレーに出てくるトーチのタワーが出てきて、こんなおかしなものを建てる人がいるんだなと見ていたら、217 にゲストに来られた藤本さんが、東京駅で作り始めているものだと紹介され・・・（笑）。

谷尻：そんなのを作っているんですか？

平沼：トーチタワーだけに、トーチ型なんですよ。ははは。後で知ると面白いなというのを体験したばかりです。メディアの在り方というのは、利用者への発信の際に、個人という主語の題材を少し変えてあげると見え方が全然変わってきますね。

谷尻：確かにそうしないと一般社会が自分の営業マンにならないですね。

平沼：そういうことですね。それすごく良い言葉！

谷尻：一人の営業マンが一人で営業して設計してというところを、みんな声の大きさで競っていることになります。

平沼：藤本さんが自分で発信される Twitter を下手くそだと言うのですが、一般的なこととして「トーチタワーはね」と言うんですよ。だから確かに今はトーチタワーの方が有名で、ヘルツォークがつくっていたとしてもおかしくないし、誰が設計しているのか僕は知らなかった。後に専門者として追いかけていった時に知ると、藤本壮介がトーチタワーというのをつくっているんだってと、自分が逆から発信したくなるんですよね。

谷尻：そうですね。

平沼：そういうちゃんとした循環が形成されているんだなということを今の谷尻さんの話を聞いて思い出しました。

谷尻：敢えて言葉を選ばずに発言すると、自分の周りにソルジャーや武士がたくさん必要だと考えています。日本の歴史だと、戦国武将はそうやって陣取り合戦をしていたわけですから、その戦が戦略立っていないと何ともなりませんし、合戦で生じた雨や嵐でさえ味方につけるだけの想像力が必要でしょう。

平沼：さすが。僕には全くイメージできていないことですが、できるできないは別にしても想像力を働かせる訓練は必要だと谷尻さんを見ていて学ばされます（笑）。さて、このインタビューは来年の図録に掲載されますので、本展に挑戦して、建築家への登竜門を超えてこようとする若手へ、勇気や希望になるような記録を残しておきたいと思います。昨日のシンポジウムの総評をできれば出展者一人ずつ、感想をお聞かせください。まず秋吉さんからお願いします。

谷尻：はい。見方はいろいろありますし未熟さは否めないですが、彼の、一企業としての取り組みの姿勢は後進へ幾つもの可能性を与えるように思いました。こういう領域で勝負する存在が出てくることで「ここにも建築の可能性があるんだ」と思う人たちが間違いなく目指してくる。その新領域の広がりから罠にはまったり、勘違いされる方も現れてきそうですが（笑）。でも領域を広げよう

とする行動力は素晴らしいことだと思います。今の社会は、「この人を目指そう」という目標となる頂上の人、または憧れを持たれるスター性のある人の価値が減りつつあるように感じる一方で、広まる山脈のような山々をつくる可能性を与えているでしょう。1-1Architects はものの提案をすることで設計を終わりにしていますよね。だからこの形式ができた後のプランがどうなるかということがほぼなくて、あってもなくても変わらない状況を自ら提示してしまっていた。本当は農地が心地良い場所なのにそれが全然装置になっていない。住居地域なら温室をつくり倉庫をつくるのは自由なので、周りにもう一層作れると思うのですが、周りの層がほぼ通路みたいになっていてもったいないと感じました。葛島さんも形式をつくることが目的になってしまい、その場所性を活かした特性の空間をつくることに、あまり興味がないように感じました。形式を設計して終わった感じになっていると思うのです。

平沼：何年か前に、町に記述式で集合として立ち上げる案があったと思うんですよ。あれも結局のところは人が中に入って体験する空間は無視されていて、建築手法に行き過ぎた案になっていた。

谷尻：そういうことです。これは結構お金を持っている人のプロジェクトのはずなのに、貧乏くさいというか、もう少し豊かなものにできると思います。無味乾燥のプロダクト的な感じにしか見えなかった。家具配置も含めてもったいないですよね。BONUS TRACK はやっぱりその後の出来事をちゃんと考えてつくられている点ですごく良いなと思います。区画割りがあるのに境界線がない、普段の宅地分譲ではまず実現できない、駅前だからこそ食住一体型の計画にちゃんと入居者がいて、商業でありながら住めるという昔ながらのものをもう一回現代性に置き換えられているのが良いと思ったのです。でも後のことまでは考えられているけど形式を優先するあまり、内部の豊かさみたいなことを表現できているような内部の写真がなかった。建築とは空間をつくるのではないのか？という問いをずっと気にしていました。僕は少なくとも空間をつくってほしいのです。松井さんは模型で、遺跡みたいに構造が建っているのが一番良かったですよね。あれで終わっていれば良かったのに。

平沼：あれはどうなっていたら良かったのでしょうか？

谷尻：そこに寄生していくように建物が寄り添っていくというか、いつの間にか建物や植物がいつか遺跡を覆い隠してしまうような雰囲気だったら良いと思うのですけれど、結局建物をつくりすぎちゃったなと思います。意味のなさそうな構造体を設計して、それに住んでいくきっかけを建築がつくった、というようにできた方が良かったと思います。

平沼：構築物をつくり過ぎたという言葉に尽きますね。

谷尻：原始人とか言っておきながら十分現代の建物づくりになっていました。RC 構造体だなんて、それがない建物が一番良かったですよね。

平沼：次に和田さん。僕は彼のプレゼンを聞いていて、一番不明だったのですが・・・

谷尻：言語を混ぜ合わせたことによってアウトプットができるというのは論理としては分かるんですけど、結局あなたは何をやったの？それで結果何をするの？という・・・

平沼：言語はツールですから、そこを言われてもそんな人いっぱいいるし、もっと言語力を活かせる人がいます。それで？というところが分からなかったです。

谷尻：パフォーマーっぽいですよね。それなら建築家とは違うアウトプットとして、こういうものができるのだという未来を提示してほしいです。

平沼：1 つのプランニングとかスタディをやった時に、各国を回っている内にいろんな文化の人と触れ合うからいろんな核反応が起きて、戻ってきたらこれくらい変わってきたんだというようなことを言ってくれるとなるほどと思うのですが。

谷尻：プロジェクトが旅をした結果に意味があるのに、はい中国、はい日本みたいな感じで、建築家と称する場で発表するのはよくないですね。

平沼：それではこの辺りから、昨日、最優秀賞に輝いた山田さんに入ってもらいましょうか。昨日の感想からお願いします。

山田：谷尻さんの評価軸に驚きました。建築ができた後の先まで考えているかという話、実は展示するにあたってそんなに意識していなくて、どちらかと言うと私たちの展示は建築が出来上がる時のきっかけみたいなものを展示していたので、この話にびっくりさせられました。

谷尻：どうして後のことを考えないかの方が不思議です。

山田：もちろん後のことも考えなくはないんですけど、展示に全部を載せるわけにはいかないからつくり方を主軸に展示していました。

谷尻：つくり終えた後の時間が経っているのに、その時間のことを展示しない。不思議だなぁ、と違和感を持ちました。過去にも発表しているものをわざわざもう一回ここで展示するんだろうとすごく不思議です。止まっているんだな、終わっているんだなと思いました。設計したら終わりで、使ってもらうことが主軸じゃなく、設計することが目的になってないですか。

平沼：ちょっと谷尻さんがヒール役を買って出て、厳しいことだけを話しているように感じていそうなので、少し助け船を出しますね（笑）。建築展は展示が発表の主体とならないことから、発展途上の分野だと言われ続けてきました。つまり竣工、もしくは誌面発表後の展覧会。すなわち過去展だと言われていて、過去展はやる必要がないとも言われてきた分野です。もちろんこのU-35でも、各地で竣工をされていて、ひとつひとつを見て回れないから、それを一同に見られる機会としては役立ちます。でもね、本来ならば未来展としての役割を展示してほしいと願うのです。それは谷尻さんが話してくれた竣工後の生活がこの建築でどれだけ豊かになったのか、様式や習慣、人々のこれからの使われ方を予測するものを建築展で提示してほしかったと思うのです。

山田：去年、平田さんの推薦で一回企画書を書いて落ちて、建ったプロジェクトをそのまま報告書みたいに展示してしまうのはつまらないと言われたんだという風に思ったんです。それで、ギャラ

間で開催された中山英之さんの展示のように、建ったプロジェクトのその後を展示するというのも
面白いなと思ったことと、もう一つ出来あがる前のエスキスレベルのプロジェクトを持ってきた方
がせっかくみんないるからいろんな話を聞けるんじゃないかなあと思って持ってきたんです。

谷尻：今やっているものも含めて言えば、自分の悩んでいるドヨドヨとしたものに向き合っている
姿勢は出ていると思うんですよ。でもみんなどっちかと言うと、もう建築が終わっているんです。

平沼：講評で誰かも言ってましたが、バナキュラーと言わず、オリジナルのワードで話したほうが
良いですよ。

山田：その意見も事務所の中ですごくありました。一方で建築界の中のバナキュラーという言葉が
すごく固定されているのを本当は変えたいと思っています。

平沼：平田さんのからまりしろの話で言うと、からまりしろって何？って言うけど、彼のタングリ
ングという言葉はすごく、ええっ？！って世界中のみんなが思うんですよ。英語のワードを知って
いる人たちからすると、そういうワードを使われるとグッと入っていくんです。

山田：バナキュラーという言葉をずっと使っていくかは分からないですけれど、いわゆる昔の建築
の良いところをもう一回やろうよということではなくて、なるべく遠いところの世界観とか価値観
を見ると自分の現実も見えてくるというようなことを考えていました。コントラストがなくずっと
目の前のものだけ見ていると、本当にそれ以上の価値観みたいなものが出てこなくなっちゃうんじ
ゃないかと思ったんです。未来に対するイメージではあるんですけど、でも確かにバナキュラーと
言ってしまうことで、あ、ああいう感じか、と片付けられるリスクが大きいなとは思いました。

平沼：既成概念に囚われてしまうようなことがありますよね。もう一つ、彼女のプロジェクトの中で
最初分からなかったんだけど駐輪場を計画していて、どうでもいいぺらっとしたコピー用紙を囲って
そこにスロープ状のものが回っているんですけれど、普通にスロープを秩序立てて作っているわけで
はなくて、既成の窓枠の下に合わせてスラブを入れている案、あれはすごく新しく感じたんですよ。

谷尻：そんなのありましたっけ？

平沼：一番変な模型です。

一同：あはは（笑）。

谷尻：未来のプロジェクトか。あれが駐輪場だと思わなかったです。

平沼：昔、妹島さんが出てきた時、あんな感じだったことを思い出したんです。訳の分からない、カッターで一枚ひゅーっと入れただけのところから空間が始まるんだ、みたいなことを言ってワクワクした感じ（笑）。でも、これは自分にもとても言い聞かせていることで、山田さんを批判しようとするつもりもないですし、いじめようなんて思っていません。既知感のある形態や言葉を使うと、その人なりの回答のような価値が存在してしまうから、気をつけたいと思うのです。つまり共通言語化はある種の危険性を孕みます。だから全体ではなくて、その部分を話して欲しいんです。彼女のプレゼンテーションを聞いていると、自身の考えをしっかりと言語化する一方で、意志の強さを併せ持つ癒し系の音で話し、育ちが良いことが分かります。そんな人がもう少し一般解では判らないような話をしてくれると面白いし、興味が深まるように感じていました。つまり、やろうとしていることが特殊なのに、その個性を一般のイメージで話そうとしている。最近、ストリートピアニストで、YouTube の一億回再生数を稼ぐ人がいますね。すごくふわーんとしているんだけど、どんな音を聞いても耳が良いから何でも弾けちゃう、音符もいらないような。そんな特性を持たれる様相なのに、私はクラッシックしかやりません、みたいな言語で話してしまっていますよね。

山田：なるほど。

谷尻：みんな裏切られたいと思うんですよね。

平沼：意外性を持ち合わせているのに、自分がその差異に気づいていない。でもそれも才能でしょうね。

山田：配置した模型の説明の仕方が少し違うということですよね。

平沼：スタッフや協同者の意見を聞くときに、自分の意見を持ちながらわざわざ反応を確認して自信に結びつける安藤さんや妹島さんのようなタイプか、スタッフの意見を尊重してしまう、山田さんのような方か（笑）。谷尻さんは最後 2 作で悩まれましたが、どう評価をされていましたか。

谷尻：分からないから山田さんの方が良いのかなと。分からないから、良く言えば余地がある。悪く言うと何を言っているの？というその両方です。でも他の出展者が全部説明的で大体わかってしまって、設計して作ってもう止まっているものだから、そこに賞をあげる意味合いは無い。やっぱり基本的にこういうアワードは、未来に素質がある人にあげるからこそ、その人はそれを糧にしてまたさらにトリガーが引かれて頑張る、ということに意味があるんだと思うので、止まっている人を呼び起こすことにはなるかもしれないけれど、未来を見ている人にあげるべき賞だと思っています。

平沼：大体ここにいる上世代の人たちは比較で選ばないんですよ。下の世代の人たちは、ものを買

う時にどちらが安いか高いかを比較して選んで買うんですって。僕たちは欲しいものを欲しいと言って買えるまで溜める。あまり比較しない。

山田：それは世代の問題ですか？

平沼：世代の問題もあると思います。僕たち 10 人の建築家・史家はみんな違うことをやっているんですよ。だから建築家はオリジナリティだけで生きていけるんだ、みたいな象徴的なメンバーですよね。

谷尻：確かに。個々が個性の塊ですよね。

平沼：こんな人たちがやっぱり何かの評価を軸として定めないといけない時に、そうやって言うんですよ。

谷尻：選ばれる存在になれているかというのは結構重要じゃないですか？分類された瞬間、A か B か条件で選ばれ始めるので終わりでしょう。

山田：そうなんですか。

平沼：そろそろ個性を伸ばしてくださいという話ですね。少しだけシンポジウムを振り返ると、山田さんとツバメはプレゼンテーションとしては 2 人ともミスをしましたが、人間力があるなというシンパシーを感じますよね。

谷尻：話を聴きたくなるというのは結構重要です。

平沼：もう5分ですよね？と言ったのが印象的で、普通、厚かましい人はそう言いながらそのまま話すんですけど、山田さんはちゃんとやめたんです。所作が分かっているということが良かったです。

山田：でも、あれはやめない方が良くないですか？小心者だったと大後悔していました（笑）。

平沼：（笑）あの場を会場で共有した方しかわからないと思いますが、ライブで審議をされている発表側と講評者側だけが存在しているわけでなく、共有しようとする聴講者側の空気感が絶対数あるのです。建築におけるプレゼンテーションとは、コンペの審査会や昨日のような講評形式のものがあって、もちろんつくられ発表されるコンセプトや批評性が重要となりますが、最後の1、2作は、プレゼンテーションの評価が重要となり、多分それが勝てた理由の一つかもしれないです。会場側が山田さんのファンになったというのが見えない大きな票になったのでしょう。

山田：えっ、それは本当ですか？

谷尻：そういう意味では紙一重でしょう（笑）。そのくらい一生懸命でチャーミングだなとも言えるし、アホだなとも言える。

山田：あはは（笑）。

平沼：常に僕たちは選択を迫られているのでしょう。その折り目の正しさが見えたというのが、昨日のプレゼンテーションの中では勝ちポイントだったんじゃないかな。ツバメは止めなかったので、会場側がイラっとした。

山田：壇上に立っていると時間の感覚が失われます。最後、2分のチャイムかなと思ったんですよ。

谷尻：これは何のチャイムなの？みたいにチャイムが鳴る時点でドキドキしちゃう（笑）。

平沼：人柄によりますね。

谷尻：それよりは急に終わって欲しいですね。チャイムが鳴る方がハラハラしちゃいます。

山田：一回目は全然聞こえてなかったんです。

谷尻：それは夢中だったということでよかったのです。僕なら公開プレゼンの時にチャイムを鳴らされちゃうと、あと何分なの？みたいな、頭の中が真っ白になってしまう。急に早口になって・・・鳴らされると冷静さを失うんですよね。

平沼：僕はチャイムに反応して、その音のせいにして形勢逆転、ドヒャーっと、笑かします（笑）。

山田：あ、鳴りましたね、みたいな。

平沼：自分のプレゼンの時って、会場の空気がすごく重要ですよね。例えば秋吉さんが良いヒールキャラになってくれたからより際立っていたというのか、前説で会場が温まりましたね。

谷尻：そうそう。言えば言うほどみんな引き潮になっちゃったんです（笑）。

山田：でも秋吉くんはそれを踏まえてでも、自分の声を残すみたいなパワーがありますよね。

谷尻：そこで自分が意思表示をすることの方が大事だと思っているから、生き様としてそれは良い

ですよね。あれはあれでファンがつきます。

平沼：いろんなファンがいますからね（笑）。　山田さん良いことも悪いことも含めて、最後に聞かせてください。本展へ出展されて如何でしたか。

山田：本当に出て良かったと思っているんです。企画書を出した時には想像できていなかった、こんなに良い機会だったんだというのを凄く実感しています。展示方法から考えることで自分たちの考えを整理できたり、アップデートしたりという機会でもあったし、昨日は、シンポジウムでいろんな人からいろんな意見をもらえるすごく良い機会だったと思っています。ありがとうございました。これからの自分たちの創造の芽になっていくものを引き出せそうな予感がします。

平沼：山田さん 2020 年のゴールドメダル、おめでとうございました。今後は後輩たちに励みを与えるような存在となって、意欲を増して活動に励んでください。そして今日は急遽、インタビューに応じてくださってありがとうございました。そしてあらためて谷尻さん、11 年目の開催、ありがとうございました。

山田、谷尻：こちらこそ、ありがとうございます。来年も楽しみにしています。

2020 年 10 月 18 日
U-35 展覧会会場（大阪駅・中央北口前うめきたシップホール）にて

afterword｜平沼孝啓（ひらぬま こうき）

あとがき

There is no answer in this era. But, there are young people will shine in the next era.

答えはない。若さはある。

　設計を専門とする計画学や、意匠論における建築系の基礎学を含む専門領域をめざす場合、まず大切なのは、じっくりと時間をかけて図面と向き合い、設計に根を張ることだ。副詞的な扱いにされがちな造作家具や木製建具類もさることながら、躯体との接触を表し外部とコンタクトするサッシュの納まり図や、人が触れる内部のカウンターなどから、空間を構成する隅部にいたるまでのディテールに注力し、天井伏せ、床伏せ、そして展開図にまで至る構成図面を描き続けると、一本の線の量や太さ、間が気になり始める。それから図面の中では真骨頂といえる矩形図に没頭し始めると、建築空間全体における断面形の関係性や空間の結びつき、計画地における外部との距離感がわかりはじめる。それを数年続ければ、平面計画やゾーニング、外構の土地利用や地域計画利用におけるその場所性の読み解き方に自ずと知見が蓄えられ、その場に求められる用途や機能、プログラムさえも提案することができる。この修練のような「図面書き」の時代や経験を経て、設計思想や哲学を導いていけるのだろう。批判を覚悟に言うならば、設計者個人が体験した育ち方や学生時代の学び方は重要で、幼少期に体験した原風景や自然という価値への向き合い方、空間の強度や材料の質量の捉え方、学生時代の社会的な取り組み、近くで設計する先輩や同僚、恩師から受ける言葉に至るまで、実体験すべてが設計に影響を与えることになるのだろう。そして自らが求めるような空間性をクライアントと共有し見出せるようになった時、優れた構造家と協働し、その実現へ向け素晴らしい空間性を保有した建築が表現されるのだ。近年は、その効果や結果をすぐに求められる時代だったが、サルカニ合戦でもあるまい、「ハヤクメヲダセカキノタネ」「ハヤクミヲダセカキノタネ」と追い立てられては、大木は育つまい。「評価栄えて研究滅ぶ」などという事態にならぬよう、くれぐれもご用心あれ。

　昨年、世界人類の生活や仕事に影響を受けなかった方がいなかったと言われるほど、相当な事態が続いた。建築分野、特に設計という分類は、長期的な工程の初期の段階、完成までの予想図を描く職能であることから、移動を伴う実行動・作業以外の本業は、それほどの影響を受けていないかもしれない。でも本展をはじめとする開催への取り組みは、延期するにしても開催をするにしても、多くの方たちの関わりのなかで進めていることを思うと、判断がむずかしい困難な要件が山積みとなった。特に、毎年

春に開催される出展者説明会の際には、昨年、初の緊急事態宣言という、例をみない外出自粛規制の直前となったが、主役の出展候補者たちは全員リモートで参加する中、この開催をファウンダーとして併走し開催へと導く、藤本壮介や倉方俊輔ら同じ年の連中が会場に駆けつけたことを機に、開催への意欲が大きく増したことと、その後も行ったり来たりの情勢が続いたが、秋の開催時には、幸運にも感染者数が収まりを見せはじめた時期に重なり、この事態の先に、輝く時代へ向けた取り組みとして適切な備えを持ち、ウィズ・コロナ後の翌時代に向け、「正しく恐れながら行う開催」を実行していくことで、「対策の経験」という実学を蓄えることができ、11 日間の開催中と 2 週間後まで罹患者を出すことなく、無事に開催を終えることができた。開催した経過年数が価値だとは思わないし、それぞれが盛り上がる当年の内容によるものだろう。でも、この事態でも、一度もそのバトンを落とさず開催を継ぎ導いてくれた同世代の建築家、史家の仲間たち、共催として継続した開催を併走くださる施設の多くの方々、文化的な建築界の基軸を若手から応援しようと支援をくださる企業の皆さまには、深く感謝すると共に、敬服の念を抱かずにはいられない。

　開催を重ねるたびに狭き門となりはじめた建築家への登竜門のような存在となりつつある公募へ、果敢にも応募し選出される出展者たちは、はじめて自身の頭の中にある考えを見つめ、出展を通じて広く発表していく際に、今までに経験したことのないような大きな苦難にも直面しながら、本当によく考えているのだと毎年、感心しているし、最後まで諦めずに表現をやり抜く信念を貫くことにも敬意を表したい。この展覧会を通じて人に共有し批評をもらうことで、建築が人と相互に関連し存在し続けていることを再認識すると共に、このような建築展の継続から新しくも発展的な表現というひとつの分野のあり方を深く追求しつつ、そうしてできあがる人との対話のあり方や空間という、新たな価値を生み出すこの時代以降の場の予想図を描きたい。

（2021 年 1 月 11 日　大阪にて）

acknowledgements

関係者一覧

特別協賛

Shelter.

SANEI

KOKUYO

Kubota

連携協賛 事業協賛 協賛

Panasonic

we would like to acknowledge all the sponsors. this would not have been possible without YOU.

special thanks for supporting U-35 2021

昨年開催のシンポジウムの様子

連携協力　　　　　展示協力

  inter.office　Cassina iXC.　Canon　SoftBank　PACIFIC HOUSE TEXTILE CO.,LTD.　株式会社目黒工芸

協力　　　　　　　後援

  osaka design center　MEBIC　AIJ Architectural Institute of Japan　公益財団法人 日本建築士会連合会　一般社団法人 Japan Association of Architecture Firms　The Japan Institute of Architects　日本建築協会

助成　　　　　　　　　　特別後援　　　　　　　　　　　　　特別協力　　　　　主催

朝日新聞文化財団　公益財団法人 大阪コミュニティ財団　毎日新聞社　EXPO 2025　大阪市　OSAKA　KNOWLEDGE CAPITAL ナレッジキャピタル　GRAND FRONT OSAKA　AAF Art & Architect Festa

記念シンポジウム＆関連イベント概要

U-35 記念シンポジウム　meets U-35出展若手建築家

板坂留五　　榮家志保　　鈴木岳彦　　奈良祐希　　西原将　　畠山鉄生　　吉野太基　　宮城島崇人

日時　2021年10月16日（土）15:30-19:30

（14:00 開場　15:30 第一部開演　17:50 第二部開演　19:30 終了）

第一部では、出展者のプレゼンテーションに加えて、ゲスト建築家が登壇。
第二部では、ゲスト建築家 × U-35出展者によるディスカッションと、AWARD の審議・表彰を行います。

ゲスト建築家　**芦澤竜一 × 五十嵐淳 × 石上純也 × 谷尻誠 × 平田晃久 × 平沼孝啓 × 藤本壮介 × 吉村靖孝**

進行（建築史・建築批評家）　**五十嵐太郎　倉方俊輔**

日本を代表し全国で活躍する、出展者のひと世代上の建築家を一同に招き、これからの日本の建築のあり方を探ります。

芦澤竜一（あしざわ・りゅういち）建築家
1971年神奈川生まれ。94年早稲田大学卒業後、安藤忠雄建築研究所勤務。01年芦澤竜一建築設計事務所設立。滋賀県立大学教授。日本建築士会連合会賞など国内外で多くの賞を受賞している。

石上純也（いしがみ・じゅんや）建築家1974年神奈川生まれ。04年石上純也建築設計事務所設立。09年「神奈川工科大学KAIT工房」で日本建築学会賞作品賞、10年「ベネチアビエンナーレ国際建築展」にて金獅子賞など多数を受賞する。

平田晃久（ひらた・あきひさ）建築家
1971年大阪生まれ。97-05年伊東豊雄建築設計事務所勤務。05年平田晃久建築設計事務所設立。現在、京都大学教授。第13回ベネチアビエンナーレ金獅子賞（日本館）など多数を受賞。

藤本壮介（ふじもと・そうすけ）建築家
1971年北海道生まれ。東京大学工学部建築学科卒業後、00年藤本壮介建築設計事務所設立。主な作品にロンドンのサーペンタインパビリオン。第13回ベネチアビエンナーレ金獅子賞（日本館）など多数を受賞する。

五十嵐太郎（いがらし・たろう）建築史・批評家
1967年パリ（フランス）生まれ。92年東京大学大学院修士課程修了。博士（工学）。東北大学教授。あいちトリエンナーレ2013芸術監督。芸術選奨新人賞など多数を受賞する。

五十嵐淳（いがらし・じゅん）建築家
1970年北海道生まれ。97年五十嵐淳建築設計事務所設立。著書・「五十嵐淳 / 状態の表示」（10年彰国社）・「五十嵐淳　／　状態の構築」（11年TOTO出版）。主な受賞・吉岡賞、JIA新人賞、北海道建築賞など。

谷尻誠（たにじり・まこと）建築家
1974年広島生まれ。00年サポーズデザインオフィス設立。14年より吉田愛と共同主宰。最近では「絶景不動産」「21世紀工務店」を開業するなど活動の幅も広がっている。中国建築大賞他受賞多数。

平沼孝啓（ひらぬま・こうき）建築家
1971年大阪生まれ。ロンドンのAAスクールで建築を学び99年平沼孝啓建築研究所設立。08年「東京大学くうかん実験棟」でグランドデザイン国際建築賞、18年「建築の展覧会」で日本建築学会教育賞。

吉村靖孝（よしむら・やすたか）建築家
1972年愛知生まれ。97年早稲田大学大学院修士課程修了。99-01年MVRDV勤務。05年吉村靖孝建築設計事務所設立。早稲田大学教授。主な受賞に吉岡賞、アジアデザイン賞金賞など多数を受賞する。

倉方俊輔（くらかた・しゅんすけ）建築史家
1971年東京生まれ。大阪市立大学准教授。『東京モダン建築さんぽ』『吉阪隆正とル・コルビュジエ』『伊東忠太建築資料集』など著書多数。イケフェス大阪実行委員。主な受賞に日本建築学会賞（業績）ほか。

出展者の作品発表とゲスト建築家による審査により、Under 35 Architects exhibition 2021 Gold Medal が 1 点贈られます。

RELATED EVENTS | 関連イベント（展覧会会場内）［予告］
うめきたシップホール 2 階

● ギャラリーイベント　　各回定員 | 30 名

　12：30 開場ー13：00 開演ー15：00 終了ー15：30 閉場

● ギャラリートーク　　各回定員 | 30 名

　15：30 開場ー16：00 開演ー17：00 終了ー17：30 閉場

● イブニングレクチャー　　各回定員 | 150 名（当日整理券配布）

　17：30 開場ー18：00 開演ー19：30 終了ー20：00 閉場

Fri	Sat
15 開幕 （展覧会開催初日） 12:00 開場 20:00 閉館	**16** 15:30-19:30 記念シンポジウム I ゲスト建築家 芦澤竜一、五十嵐淳、 石上純也、谷尻誠、 平田晃久、平沼孝啓、 藤本壮介、吉村靖孝 五十嵐太郎、倉方俊輔 meets U-35 出展者
13:00-15:00 ギャラリーイベント ユニオン	
16:00-17:30 イブニングレクチャー **藤本壮介**	

Sun	Mon	Tue	Wed	Thu		
17 13:00-15:00 ギャラリーイベント 在阪建築四団体	**18** 13:00-15:00 ギャラリーイベント オカムラ	**19** 13:00-15:00 ギャラリーイベント コクヨ	**20** 13:00-15:00 ギャラリーイベント シェルター	**21** 13:00-15:00 ギャラリーイベント タカラスタンダード	**22** 13:00-15:00 ギャラリーイベント 丹青社	**23** 13:00-15:00 ギャラリーイベント パナソニック
16:00-17:00 ギャラリートーク 宮城島崇人	16:00-17:00 ギャラリートーク 板坂留五	16:00-17:00 ギャラリートーク 鈴木岳彦	16:00-17:00 ギャラリートーク 西原将	16:00-17:00 ギャラリートーク 榮家志保	16:00-17:00 ギャラリートーク 奈良祐希	16:00-17:00 ギャラリートーク 畠山鉄生＋吉野太基
18:00-19:30 イブニングレクチャー 五十嵐淳	18:00-19:30 イブニングレクチャー 平田晃久	18:00-19:30 イブニングレクチャー 谷尻誠	18:00-19:30 イブニングレクチャー 倉方俊輔	18:00-19:30 イブニングレクチャー 吉村靖孝	18:00-19:30 イブニングレクチャー 五十嵐太郎	

24 13:00-15:00 ギャラリーイベント 日本建築協会 U35 委員会	**25** 最終日 12:30-14:00 イブニングレクチャー 芦澤竜一
	15:00-16:30 イブニングレクチャー 平沼孝啓
18:00-19:30 イブニングレクチャー 石上純也	（展覧会開催終了日） 16:30 最終入場 17:00 閉館

※ギャラリーイベント・ギャラリートークは事前のお申し込みが必要です。

※イブニングレクチャーは当日 12 時より、シップホール 2 階にて整理券を配布します。（当日に限り展覧会場へ再入場可能・最終日分は前日配布）

※講演内容、時間、および講演者は変更になる場合があります。

● 展覧会入場料が必要です（￥1,000）

● 要事前申込み　http://u35.aaf.ac/　または【U35】で検索

U-35 記念シンポジウム

会　　場	グランフロント大阪 北館4階 ナレッジシアター	
定　　員	381名	（事前申込制・当日会場にて先着順座席選択）
入　　場	￥1,000	
問 合 せ	一般社団法人ナレッジキャピタル	

　　　　　〒530-0011　大阪市北区大深町3-1
　　　　　グランフロント大阪 北館 4F ナレッジシアター
　　　　　TEL　06-6372-6434

　　　　　※ JR「大阪駅」中央口（うめきた広場）より徒歩3分
　　　　　　地下鉄御堂筋線「梅田駅」より徒歩3分

申込方法　下記ウェブサイトの申込みフォームよりお申し込みください。

http://u35.aaf.ac/

U-35 展覧会 オペレーションブック 2021-22
展覧会開催記念限定本

発　行　日	2021年5月30日（日）
会　　　期	2021年10月15日（金）-10月25日（月）
会　　　場	うめきたシップホール（グランフロント大阪 うめきた広場 2F）
執　　　筆	板坂留五　榮家志保　鈴木岳彦　奈良祐希　西原将　畠山鉄生＋吉野太基　宮城島崇人
特　別　寄　稿	橋村公英（東大寺）
	音羽　悟（神宮司庁）
	菅谷富夫（大阪中之島美術館）
	木村一義（シェルター）
	西岡利明（SANEI）
	平沼孝啓（平沼孝啓建築研究所）
発　　　行	アートアンドアーキテクトフェスタ
アートディレクション 制 作・編 集	平沼佐知子（平沼孝啓建築研究所）
学　生　協　力	赤尾千尋（近畿大学）天野萌絵（金沢大学）有馬佳恵（武庫川女子大学大学院）池田怜（武庫川女子大学大学院）岩屋百花（関東学院大学）内村円香（大阪工業大学）小川さやか（武庫川女子大学大学院）奥野未奈（大阪工業大学）小田峻（京都建築大学校）越智悠（大阪大学大学院）亀谷拓海（大阪工業大学）岸亜弥音（武庫川女子大学大学院）新谷朋也（近畿大学）杉田美咲（畿央大学）杉村歩美（武庫川女子大学）辻本陽基（大阪工業大学）比嘉七海（大阪工業大学）彦谷俊太（京都工芸繊維大学）平西明日香（三重大学）平松花梨（武庫川女子大学大学院）平山宏紀（京都芸術大学）舟津翔大（北九州市立大学）保坂日南子（三重大学）細野蒼（東京工芸大学）三浦凛（京都府立大学）森茜（大阪工業大学）森本将裕（京都建築大学校）山岡里寧（神戸芸術工科大学）吉田雅大（近畿大学）山本康揮（大阪工業大学大学院）
印　刷・製　本	グラフィック
撮　影・写　真	繁田諭（繁田諭写真事務所）